起業するならスーツの男に声をかけろ！

~まずは月5万円から~

橋本絢子

JN240883

みらいパブリッシング

はじめに

あなたは今、安心感を持って生きていますか？

将来への不安がまったくないと、自信を持って言えますか？


今の日本では、多くの方が、何かしらの不安を持って生きているのではないかと思います。

もしかしたら、あなたは次のようなことを考えて本書を手に取ってくださったのかもしれません。

「いつかは独立起業したい」

「このまま今の会社で働いていてもお給料が上がる気がしない」

「何かあって職を失ったらどうしよう」
「子どもの教育費が無事に払えるか不安」
「旦那さんのお給料だけでは生活費が足りない」
「子育てが落ち着いたので働きたいけれど、会社勤めはしたくない」
「自分の経験や強みを生かして収入を得られるようになりたい」
「もしものことがあったときのために、経済力を身につけたい」
「まずは月5万円でも収入を増やしたいけれど、何から始めたらいいのか分からない」

一つでも当てはまる方は、本書がお役に立てると思います。
私は、2009年2月に会社を辞めて、フリーライターとして独立・起業しました。

当時はリーマンショックの後で不景気の真っ只中。今のようにSNSは普及しておらず、Webライターがまだ一般的に認知されていませんでした。ネットに掲載されてあるライター募集情報を見ても、一記事数百円や、高くても1000円台の仕事がほとんどでした。

私は東京都心で一人暮らしをしていたので、ライターとして一記事数百円の仕事では生活ができませんでした。

「ネットで仕事を探していては生活に困ってしまう」と思ったので、ライターの仕事を受注するため、東京都内の企業にアポイントを取って訪問することにしたのです。

一見、古典的な方法に思えるかもしれません。しかし、今思うと、たくさんの人に直接お会いして、リアルな場所で人間関係を築いてきて良かったと思います。

起業当初に私が心がけたのは、スーツを着た男性に会いに行くということです。

肩書きも資格も何もない、起業したばかりの女性である私が、企業にアポイントを取って、会議室でスーツを着た男性相手にプレゼンし、仕事を受注していました。男性の多い業界で男性社員と肩を並べて働いていた経験や、取引先企業で男性担当者を相手に営業をした経験があったおかげで、迷わず行動できたのだと思います。

これを聞いて「そんなこと、自分には無理！」と本書を閉じたくなったあなたは、少しお時間をください。「企業にアポイントを取って訪問営業してください」と言いたいわけではありません。「スーツを着た男性に会いに行く」という最初のハードルを乗り越えられれば、その後はトントン拍子に仕事のチャンスを広げていけるという本質をお伝えしたいのです。

最初のハードルを乗り越えるというのは「スーツを着た男性に会いに行く」ことだけではありません。今までしたことのないことにチャレンジする勇気を持つこと。それだけで人生は180度変わります。自分で決めた目標を達成するには「自分にはできない」という思い込みをはずし、結果を出すための行動に出ることが大切です。

私は、2010年から「仕事に直結するプロライター養成塾」などの起業セミナーを行っています。経験も実績もない状態から収入を増やしていくためには何が必要なのか。経験ゼロからでも起業して、トントン拍子に収入を増やしていく受講生さんには共通点があります。

本書では、そのポイントやセミナーでお伝えしている内容を体系化しています。ライターの仕事に興味がある方も、その他の在宅ワークに興味がある方も、起業して収入を得るためのきっかけとして役立てていただければ幸いです。

本書は「読んで満足して終わり」の本ではありません。読みながら「今日から実践できそう」と思った行動は、ぜひメモに書き込んでください。そして今日から実践できそうなことは、すぐ行動にうつしてみてください。これから起業される方であれば、頭で考えるよりも、まず行動した方が早く効果を実感できるでしょう。

そして、1年、2年経った節目の時期にも、ぜひ読み返して復習してみてください。ビジネス経験を重ねてから再びお読みいただくことで、新たな気づきがあるはずです。

起業するならスーツの男に声をかけろ！
～まずは月5万円から～

もくじ

I　会社に雇われず収入を得るために

2 起業後にビジネスが発展する人脈術

3 情報発信で知名度をアップさせる方法

4 売上を安定させる仕組み

I

会社に雇われず収入を得るために

どんな起業・副業があるの？

「月収を5〜10万円増やしたい」
「会社を辞めて独立・起業したい」
「子育てしながら空いた時間で収入を得られるようになりたい」

そんな方におすすめしたいのが、在宅起業です。

しかし、自分に何が向いているのか分からない方もいらっしゃるでしょう。そんな方のために、在宅で出来る代表的な仕事をご紹介します。

物販

誰にでもできる在宅ワークで、一般的なのが物販です。メルカリやラクマなどのフリマアプリやAmazon、インターネットオークションを通じて商品を販売します。まずは家にある不用品の販売からスタートして、慣れてきたら商品を仕入れて販売します。その先は、輸入販売やオリジナル商品の販売などの道があります。

メリット：特別なスキルがなくてもすぐに始められる

デメリット：仕入れに資金が必要になることや、在庫を抱える場合がある

向いている人：問い合わせ対応などのレスポンスが早く、商品を丁寧に扱える人

ハンドメイド作家

手芸・裁縫が得意な方は、ハンドメイド作家として商品を販売する道もあります。minneやCreemaなどのハンドメイド商品を販売できるアプリを利用したり、ブログやInstagram、独自に開設したオンラインショップで商品を販売する方法があります。固定ファンの多い人気作家になれば、コンスタントに売り上げを上げることができます。

メリット：アイデアや感性を活かせる
デメリット：主婦マーケットでは料金相場が安く、ライバルが多い
向いている人：手先が器用で細かいことが好きな人

コーチ・コンサルタント・カウンセラー

人からよく相談を受ける方は、コーチやコンサルタント、カウンセラーとして活躍できます。過去に悩みを克服したり、試練を乗り越えた経験があれば、その経験を活かして同じような悩みを持つ方にアドバイスができるでしょう。

メリット：手元資金ゼロからスタートできる
デメリット：業種によってはライバルが多く、集客が難しい場合がある
向いている人：人とのコミュニケーションが好きな人

セミナー講師

人前で話すことが好きな方、特定の専門知識を持つ方は、セミナー講

師業として活躍する道もあるでしょう。セミナーをゼロから自分で作る場合もあれば、ほかの人が作ったセミナーをインストラクターとして広めていくケースもあります。

メリット：人気セミナー講師になれば、各方面から声が掛かる
デメリット：人気商売なので集客に波がある
向いている人：カリスマ性があり、人を巻き込むのが得意な人

セラピスト・施術者・ネイリストなど

人を癒《いや》すことが好きな方や、専門的な技術を持つ方は、施術者やセラピストとして自分の経験や資格を活かすことができるでしょう。自宅サロンで開業、出張専門にする、物件を借りるなど、資金や地域によって適した方法が異なります。

メリット：専門技術や資格を活かすことができる

デメリット：施術を行うための道具やスペースが必要

向いている人：人を癒《いや》したり人に喜んでもらうことが好きな人

ライター

ライターはパソコン1台で始められる仕事です。発注元企業から仕事を受注できれば、どこにいても収入を得ることができます。完全在宅でも成り立つ仕事ですが、取材に行ったり撮影に同行する機会もあります。

メリット：手元資金ゼロからスタートできる

デメリット：リサーチなど、地味で細かな作業が多い

向いている人：集中力があり、かつ、人とのコミュニケーションが好きな人

アフィリエイター

文章を書くことが好きな人には、アフィリエイターの道もあります。アフィリエイトはひと昔前に流行したイメージですが、正しい手法で根気強く取り組めば、不労所得につながる手段の一つです。会社員のときから家でコツコツ取り組み、不労所得が増えたら専業アフィリエイターになることも可能です。

メリット：仕組みが出来ていれば不労所得につながる
デメリット：結果が出るまで、膨大な作業が必要
向いている人：地道にコツコツと作業のできる根気強い人

インフルエンサー

Youtube や Instagram で有名人になれば、広告収入が入ったり、スポンサーがつくこともあります。音楽やファッション、ビジュアルや動画に強い方は、人気 Youtuber やインスタグラマーを目指す道もあります。

メリット：固定ファンが増えれば幅広くビジネスが展開できる
デメリット：炎上や誹謗中傷のリスクがある
向いている人：カリスマ性があり、人気者になりたい人

在宅で出来る起業モデルを挙げてみました。しかし「取り柄もない自分に出来るのだろうか」と思う方も多いと思います。自分の強みがない方は**「人から褒められること」**に着目してください。料理がおいしいと言われる、友達の相談に乗っていたら「心が楽になった」と感謝されたなど、何気ない経験のなかに、起業で成功する種が眠っています。

「自分の好きなことで起業」のワナ

「自分の好きなことを仕事にしたい」と思っている人は多いと思います。でも、よく考えてみてください。あなたの好きなことは、同じように好きな人が大勢いるかもしれません。つまり、ライバルが多い可能性が高いのです。

起業して売上アップにつながるかどうかは、需要と供給のバランスで決まります。需要は、商品やサービスを求める人。供給は、商品やサービスを提供する人です。需要が供給よりも多ければ、売上げが増えますが、需要が供給よりも少ない場合は、ライバル争いにエネルギーを使うことになってしまいます。

たとえば、女性に人気の高い資格の一つに、アロマテラピーがあります。「アロマに癒《いや》された経験を生かしてアロマセラピストになりたい」と思う方もいるでしょう。

もしも、あなたがアロマの資格を取ってアロマセラピストになりたい場合、あなたの商圏にはどのくらいアロマテラピーの需要（ニーズ）があるでしょうか？　また、ライバルとなるアロマセラピストはどのくらいいるでしょうか？

あなたの地域にアロマセラピストがほとんどいない場合は、アロマセラピストとして一人勝ちできるかもしれません。しかし、すでに同じ地域にライバルが多い場合は、戦って勝つところからスタートしなければなりません。そうなると、起業して収入を得るまでに集客のための工夫が必要になります。

「自分の好きなことで起業」は、ライバル争いになるリスクがあります。起業するなら同じ商圏にライバルが少なく、なおかつ需要の多い仕事がおすすめです。

また、インターネットを活用することで、ライバルを避けて効率的に売り上げをアップさせることが可能になります。ネットの効率的な活用方法については、第3章でお伝えいたします。

「苦手な人もいるけれど自分は得意なこと」

自分の好きなことで起業をすると、ライバル争いになる可能性が高い。そこでおすすめしたいのが、「苦手な人もいるけれど自分は得意なこと」です。

たとえば、正確さが求められるデータ入力は、地味な作業で苦手な人が多いです。もしもあなたが地道なデータ入力を正確に行うことが苦にならない人であれば、その仕事は収入になりやすいと言えるでしょう。掃除などの家事も、苦手な人にとっては誰かにお任せしたいことです。文章を書く仕事も、苦手な人はプロのライターにお任せしたいと思っています。

在宅起業には、特別な才能は必要ありません。「できれば外注したい」と思っている人が多いことはすべて、お金を生み出す可能性があるのです。

ママ起業の落とし穴

「子育てが落ち着いたから家で出来る仕事をしたい」と思っている女性にありがちなのが、ママ起業のコミュニティに入り、ママ向け・主婦向けビジネスを始めることです。ハンドメイドマーケットなどにもよく見られる傾向です。

ママによるママ向けのビジネスは、ママ向けの低価格になっていることが多いです。値段を高くすると、ママ友から「こんなに高いの？」と思われたり、同業他者から目をつけられることを恐れてしまうのでしょう。ママである人がママ向けにビジネスをしている限り、ママ向けの単価から脱出できません。

太古の時代は、男が狩猟に出かけている間、女は女同士のコミュニティで協力をしながら子育てをしてきました。そういった背景からも女性は遺伝子レベルで協調性を大切にしたいと思う人が多いと思います。

しかし、起業して収入を得たいのなら、ときには、嫌われる勇気も必要です。**自分が変化するタイミングで、離れていく人がいるのは当たり前です。**近しい関係の人ほど距離が出てくるでしょう。子育て中のママが起業して会社員以上の収入を得たいのであれば、現時点で周りにいるママ友達からは距離を置いた方が上手くいきます。ママこそ、スーツを着た男性に積極的に会いに行くようにしましょう。予算のある人や企業がお金を払いたがることが、最もスピーディーに収入に直結します。

感情だけで「好きなことで起業したい」と行動するのではなく、根拠のあるマーケティングを行って、事業計画を立てましょう。

◆ワーク　収入を増やすため、具体的に書き出してみましょう。

あなたの好きなことは？	苦手な人もいるけれど得意なことは？	お客様になる可能性があるのはどんな人（企業）？

新しい価値観をインストールする

「学校教育の洗脳を解こう」というのが、私がセミナーやコンサルでいつもお伝えしていることです。

日本の教育制度は、戦後にアメリカのGHQ（連合国総司令部）主導で制定された教育基本法や、学校教育法がベースになっています。学力を正解と不正解で判定するテストがあり、「皆と同じであることが正しい」とされる日本の教育方針は、機械化が進んだ大量生産の高度経済成長期には適していたのかもしれません。

しかし、コンピュータによってグローバル化・AI化が進む現代ではどうでしょうか。誰にでもできる仕事は、ロボットに奪われかねません。

これからは、人間が行う仕事に創造性やコンセプトメイキング、感性が求められる時代となるでしょう。アメリカやヨーロッパでは、テストの〇×問題では計れない、一人一人の創造性を引き出す教育が導入されています。「得意なことを伸ばす」教育です。

一方、日本では「右にならえ」の考え方がいまだに根付いており、標準的な「規格内」の人間を増やし平均化させるため、欧米とは真逆の、「苦手なことを減らす」教育が一般的です。戦争や災害の歴史からも、地域の人たちが協力し合い、助け合いの精神を持つ日本人ですが、協調性を重んじることで自分の個性を発揮することができない人も多いのではないでしょうか。しかし、起業して成功するためには「規格外の人間」になる必要があります。ビジネスの世界で周りの人と同じことをしていたら、すぐに淘汰されてしまいます。起業をする上で、少しでも「失敗したくない」という考えがある方は要注意。ビジネスには正解がありません。「これさえやっておけば安心」といったセオリーは存在しないのです。

日本の学校教育にありがちな「失敗してはいけない」という洗脳を解き、自分を信じて一歩を踏み出すこと。そして他人の目を恐れずに大量行動すること。今までの固定観念を脳内から一度アンインストールし、新しい価値観をインストールし直す心構えが必要なのです。

ポイント1

人と同じことをしていては成功できない。
常識に縛られず、自分を信じて一歩踏み出そう！

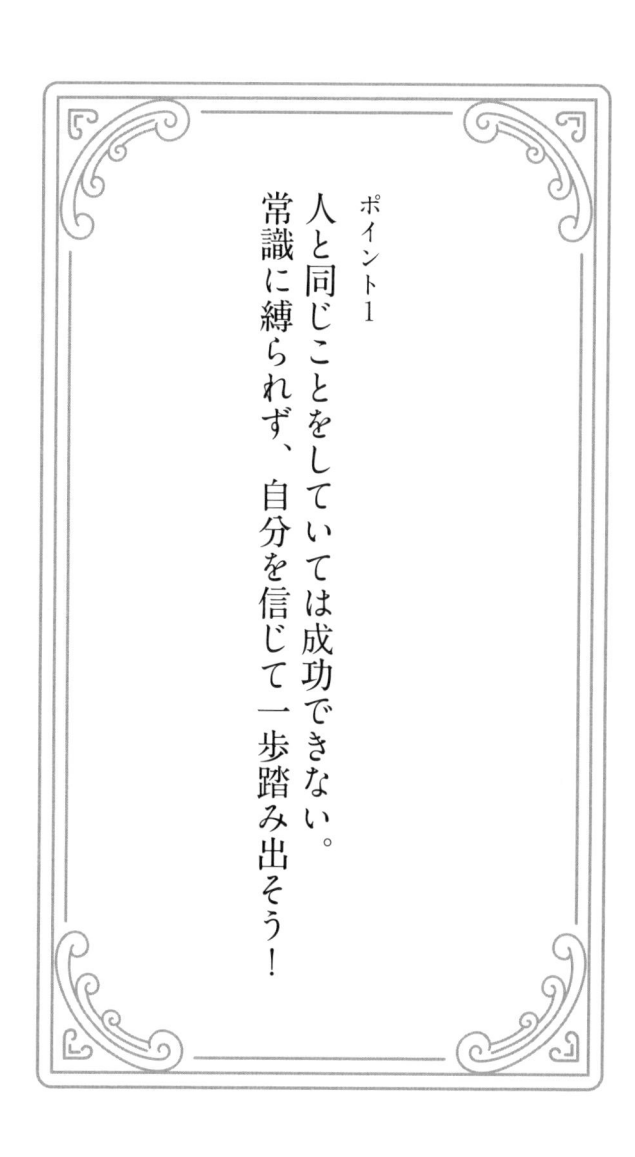

起業に求める優先順位を明確にしよう

あなたは何のために起業したいのでしょうか。

「起業したい」と思う人の目的はそれぞれです。月収をあと5万円増やしたいのか、会社を辞めてフリーランスで食べていけるようになりたいのか、生き甲斐を得たいのか、有名になりたいのか……。

人間の欲求を五段階の階層で理論化させた、マズローの欲求五段階説に当てはめて考えてみましょう。

①自己実現の欲求
②自我の欲求
③所属と愛の欲求
④安全欲求
⑤生理的欲求

人間の欲求は、下の階層から順に満たされていきます。（欲求の優先順位は人によって違いがあります）

あなたが起業したい理由。それは、どの段階の欲求を満たしたいからでしょうか。④の安全欲求（経済的安定）と、2の自我欲求（認められたい）の両方を満たしたい方もいるかもしれません。しかし、異なる階層の欲求を同時に満たそうとすると、両方の欲求を満たすまでに時間がかかってしまうことが多いのです。複数のゴールを同時に達成しようとすると、「二兎を追う者は一兎をも得ず」ということわざの通り、焦点が定まらず、なかなか目標には到達しません。

まず、手元資金を増やしたいのであれば、収入に直結することからスタートすることと。その後、売上を安定させるための仕組みづくりを行い、所属と愛の欲求、自我欲求、自己実現の欲求を満たすための行動を取ることをおすすめします。

大きな人生目標を立て、それを達成するために細分化された目標を立て、一つ一つ順番に課題をクリアしていく。そうすることで、大きな目標がかないやすくなります。

ポイント2

収入を増やしたいなら
そのための行動に集中しよう

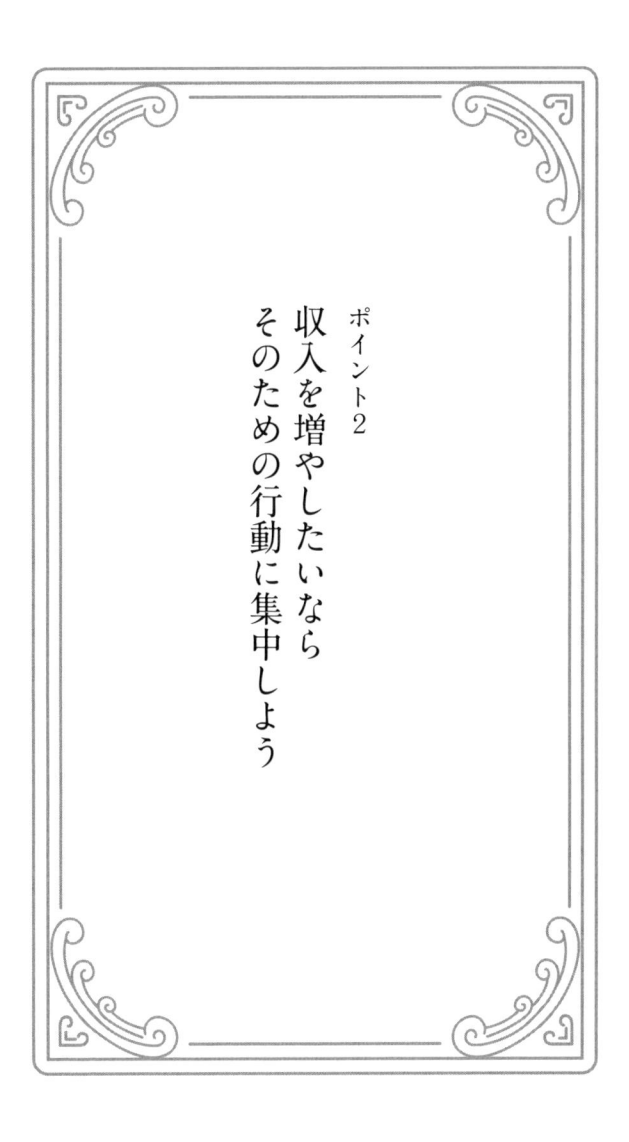

#「お金を使う＝お金がなくなる」という思い込みをはずそう

「お金を使うのは怖いからなるべく節約している」、「お客様からお金をいただくことに抵抗がある」という方は、その思い込みははずしましょう。なぜなら、事業を軌道に乗せるために必要な投資が出来なくなるからです。

お金を使っても、実際にお金がなくなることはありません。一時的にあなたのお財布や銀行口座からは出て行くかもしれませんが、社会で正しく循環させることができていれば、投資した分は返ってきます。衝動買いで必要のないものを買ってしまうのは「浪費」ですが、ビジネスを発展させるための支払いは「投資」になるのです。

「なるべく節約しないといけない」と考えるのは、毎月決まった給与収入を得ている会社員の価値観です。日本人の約8割は会社員なので、お金に関しては会社員の価値観が常識とされています。

しかし、もしあなたが起業して会社員の何倍もの月収を得たいのなら、会社員と同じ価値観では成功しません。起業してまずは月収20万円以上を目指すなら、すでに起業して月収20万円の収入を得ている起業家からアドバイスを受けた方が、より目標に近づきます。月収100万円以上を目指すなら、すでに月収100万円以上を達成している人からアドバイスを受けることをおすすめします。

まず、目標収入を決めましょう。そして、その目標収入を達成している人を参考にし、ゴールを達成するための必要経費を算出します。これらが収入を増やすための鉄則です。

お金のメンタルブロックは知らず知らずのうちに身についています。あなたのご両親が固定給の会社員であった場合は、あなたにも会社員の価値観が染み付いている可能性が高いです。お金を使うことに恐怖心がある方は、恐怖の感情にとことん向き合ってみてください。なぜ恐怖を感じるのか。子どもの頃に親がお金で苦労していた、節約が美徳とされてきたなど、人それぞれ背景があると思います。

お金を使うことへの恐怖と向き合い原因を取り除けば、適切な投資で収入を増やすことができるようになっていきます。

「お金を受け取る＝お金を奪う」ではない

ママ向けのビジネスで起業している人の中には、「ママから高額なお金は受け取れない」と思っている方が多いようです。また、起業している女性のなかには、「金額を高くすると批判されそう」など、他人の目を恐れている人もいます。そう感じてしまう原因は「お金を受け取る＝お金を奪う」や「お金を使う＝お金がなくなる」という固定観念があるからです。

たとえば、あなたのお友達が起業して、商品やサービスに相場よりも高い価格をつけたとします。そのときにあなたはどう感じるでしょうか。「こんなにお金をとるの？」とモヤモヤした感情が出てきたら注意です。なぜならあなたが商品やサービスを提供する際にも、お金を受け取ることに抵抗が出る可能性が高いからです。

あなたが「あの人、あんなにお金を取るの？」と思ったとしても、ニーズがあり、買ってくれるお客様がいるなら、そのビジネスは成立しています。誰に何を言われようとも、価値を感じてくれるお客様がいるなら、価値に見合った金額で提供して良いのです。

お客様から価値に見合った料金を支払っていただき、利益を出すことができたら、税金を払います。税金の使い道は様々ですが、母子家庭の手当や未来を支える子ども達のためにも使われていきます。

大きく経済を循環させれば、その分だけ社会に貢献できます。お金を受け取ることへの抵抗感は、今すぐ手放した方が良いでしょう。

在宅で仕事を始めるにあたり、準備しておくべきこと

「起業したい」と思ったら、まず何から準備するのが良いのでしょうか。

今は会社勤めをしていて副業からスタートしたい方も、専業で在宅ワークを始めたい方も、まず知っておくべきなのは法律と税金の知識です。


日本の法律では、給与所得のある会社員で副業収入が年間20万円を超えた場合、確定申告が必要です。専業の場合は、年間収入が38万円を超えた場合に確定申告が必要になります（2018年8月現在）。期限内に確定申告をしなかった場合は、脱税行為として罰せられることがあるので注意しましょう。

また、副業が禁止されている会社もあります。会社の就業規則を調べ、副業が禁止さ

れている場合は、副業にならない範囲で起業準備を行わなければなりません。

日本の法律と会社のルールを知らずに起業すると、「知らなかった」では済まされないことも起きます。税務署では無料で相談に乗ってもらうことができるので、不安のある方は問い合わせてみるとよいでしょう。

失敗を恐れずにチャンスを掴もう

「仕事に直結するプロライター養成塾」の受講生さんに、以前、約30万円の仕事をご紹介したことがありました。「在宅で収入を増やしたい」とおっしゃっていた方なので喜んでいただけるかと思いきや、「そんな高額な仕事、プレッシャーになるので私には出来ません！」と断られてしまったのです。一瞬驚きましたが、直後に気づきました。彼女にはまだ負担が大きかったのだと。

金額が高いと、それだけ責任も大きく感じるのかもしれません。しかし、**取り組んだことのない仕事でも、ニーズがあるということは、能力が見込まれている証拠です。**できるかできないかはお客様が判断すること。少しでも「やってみたいな」という気持ちが出てきたら、迷わず行動を起こした方が成長できるでしょう。

日本の教育は、正解・不正解を重視する傾向があります。その影響から、「失敗すると大変なことになる」と思い込んでいる人が多いようです。しかし、失敗しても死ぬことはありません。失敗を恐れるなら、最悪の事態を想定し、起こりうるリスクに前もって対処しておけば良いのです。

成功も失敗も、経験することで学びを得ることができます。上手くいかなかったことがあれば、その都度原因を検証し、改善していくことで、自分を成長させることができるでしょう。

〈コラム〉

起業前から私が続けている習慣は、本を読むことです。会社員時代はライターの勉強をしていたこともあり、多いときで月１００冊の本を読んでいました。今も週に2～3冊以上は読んでいます。

本を読むことで幅広い視点から物事を考えることができるようになります。また、インプットやアウトプットのスピードも速くなるので、時間の効率化につながります。

本は最もコストパフォーマンスの高い投資です。今はAmazonのKindle unlimitedや、本をオーディオで聴けるAudibleなどの定額サービスもありますので、これらを活用すると良いでしょう。

本を読む習慣は、一生の財産を築きます。

2

起業後にビジネスが発展する人脈術

誰と出会うか、誰と働くか

多くの日本人経営者に読まれている本「ビジョナリー・カンパニー2　飛躍の法則（ジム・コリンズ著）」では次のように書かれています。

「偉大な企業への飛躍をもたらした経営者は（中略）まずはじめに、適切な人をバスに乗せ、不適切な人をバスから降ろし、その後にどこに向かうべきかを決めている」

誰をバスに乗せるかで、企業の命運が決まる。これは会社組織だけではなく、個人で起業する場合にもいえることです。たった一人で事業をおこしたとき、出会う人によってセルフイメージが決まるといっても過言ではありません。

「自分にはまだ経験も実績もないから」と自信がないままでいると、自信のなさがオーラとして出てしまい、都合よく利用されたり、安い料金で買い叩かれたり、必要のない高額セミナー等に勧誘されて、無駄にお金を払ってしまうこともあります。ビジネスの世界では、残念ながら人をお金としか見ておらず、都合よく利用しようとする人もいます。

いろいろな人が存在する中で、信頼できる人や尊敬できる人といち早く出会うことが、起業して成功するためにも大切なことなのです。

ポイント3

信頼できる人にいち早く出会おう

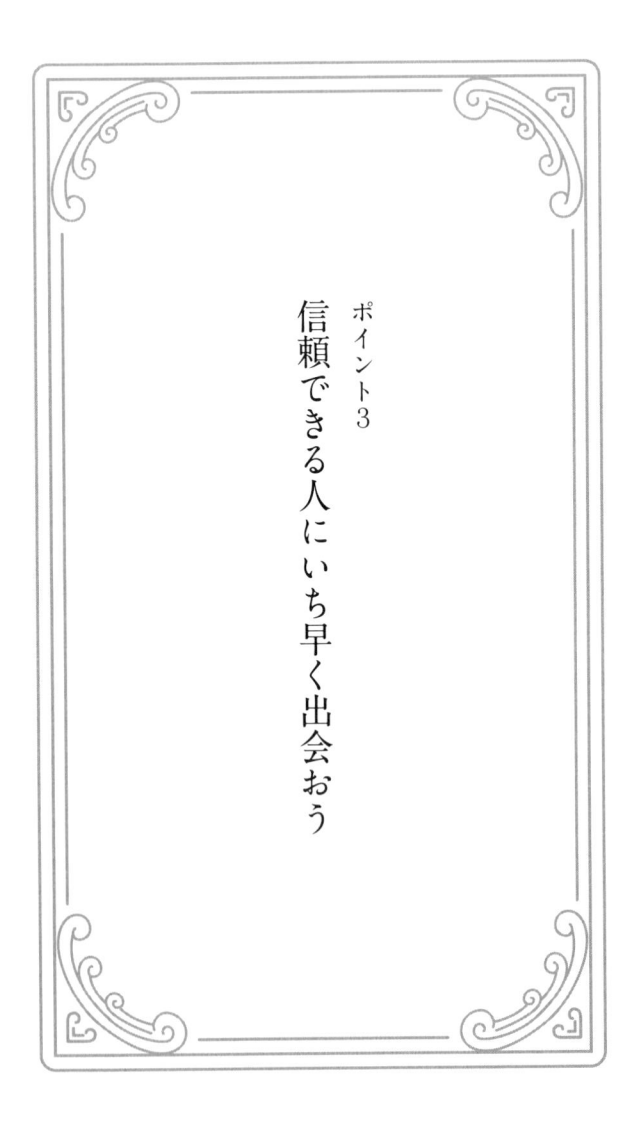

お客様はどこにいる？

ライターや法人向けのコンサルタントやセミナー講師であれば、お客様は法人企業です。企業（法人）が企業向けに行うビジネスモデルを、一般的にBtoB（Business to Business）と呼びます。一方、物販やサロン経営、セラピストとして、一般の方に商品やサービスを提供するビジネスモデルをBtoC（Business to Customer）と呼びます。また、最近では個人が個人にサービスを提供するCtoC（Consumer to Consumer）ビジネスも増えてきました。メルカリや、Airbnbなどのシェアリングサービスがその例です。

あなたの起業したいビジネスは、法人向けと個人向けのどちらでしょうか。

いずれかによって取るべき戦略は異なります。法人企業から仕事の依頼を受けたい場合は、その企業と接点を持つ必要があります。一般の方に商品やサービスを購入してもらいたい場合は、一般顧客に認知されるための戦略が必要になります。

まずは、ターゲットを設定すること。そこから、お客様を増やすための活動が始まります。

尊敬できるコミュニティで仲間を作ろう

起業後は、いつ誰がお客様になるか分かりません。かかわるすべての人がお客様だと思って接した方が良いでしょう。

なかには、出会った直後に高額な商品をしつこく勧められることや、傷つくことを言われて嫌な思いをするなど、苦手なタイプの人と出会ってしまうこともあるかもしれません。しかし、そのようなことはあらかじめ防ぐことができます。

ビジネスを幸せに発展させるためにも私がおすすめするのは、尊敬できる人のコミュニティを活用することです。

自分の尊敬できる人がブログやメルマガ等でイベントを告知していたら、ぜひ参加してみましょう。本を出している方のイベントであれば、出版記念パーティーもおすすめです。

人間関係は波長の法則で成り立っています。あなたが尊敬できる人の周りに集まる人たちは、あなたと同じ波長を持っている可能性が高いです。同じ波長の人が集まる場で出会い、そこから仕事に発展した場合は、すでに同じ価値観を共有できているので意思疎通がスムーズにできるでしょう。

日頃から書店やインターネットでリサーチを行い、気になると思う人を見つけたら、積極的に会える方法を探してみましょう。

ポイント4

尊敬できる人との繋がりで出会った人とは、
意思疎通がスムーズにできる。

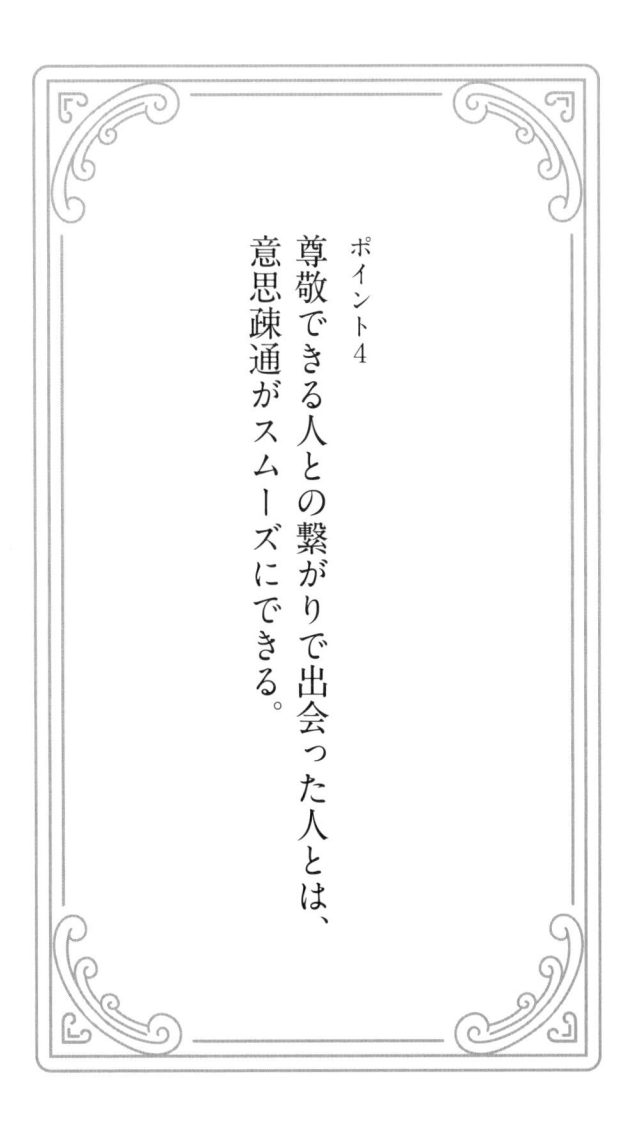

「自分はこういう人間だ」と決めつけない

私は10代まで、初対面の人とは緊張して上手く話すことができませんでした。そういった過去の経験から、「自分は人見知りだ」と思っていました。そんな自分を変えたいと思い、20代前半は営業職にチャレンジしたのです。

営業の仕事を通じて、人見知りだった自分にも結果を出せることが分かると、仕事が楽しくなりました。起業後も人見知りをすることはありましたが、仕事だと割り切れば、初対面の人と接することにも抵抗がなくなっていきました。仕事で出会う人から相談されることや感謝されることもあり、自覚していなかった自分の強みにも気づくことができました。

目標を達成するためには「自分はこんな人間だ」と決めずに行動する方が上手くいく

きます。

起業から数年経った頃は、体調不良で起き上がるのが辛い時期もありました。そんな状態から抜け出せたきっかけは、あるビジネス塾です。

そのビジネス塾のメンバーがFacebookにアップしている写真は、楽しそうな海外旅行の風景や、高級ホテルで開催されているセミナーの様子、ファッションセンスの良い男女、クラブ、ビキニ姿の若い美女。「自分には絶対に無理」と思っていた環境に、あえて飛び込んでみることにしました。

すると価値観は大きく変わり、素晴らしい出会いがたくさんありました。体調もみるみる良くなり、気がつけば私もメンバーと同じように、世界を旅しながらパソコン1台で仕事ができるようになったのです。

そこはお金持ちの男性経営者が多い塾だったこともあり、私が運営するライター養成塾の受講生さんへ、ギャランティの高い仕事を紹介できる機会も増えました。

こういった実際の経験からも、人生を大きく変えたいときには勇気を出して過去の行動パターンを一新し、絶対に行かなかったような場所にも飛び込んでみることをおすすめします。

複数パターンの名刺を使い分けて人脈を作る

交流会などに参加して新しい出会いを増やすためには、あなたの存在をアピールできる名刺を用意しておくことをおすすめします。名刺には、あなたが何をやっている人なのかがひと目で分かるような肩書きを記載しておきましょう。

「ライターの仕事をしたことがないのにライターを名乗っても良いのですか？」という質問を、私が主宰している「仕事に直結するプロライター養成塾」の受講生さんからよくいただくのですが、大丈夫です。なぜなら、ライターには国家資格が必要ありません。名乗った日から誰でもライターになれます。

「なんちゃってライター」が多いことも事実ですが、フリーライターとしてデビューしたいなら、まず名乗らないことには仕事を受注できません。ライターの仕事を受注したいと思ったら、まず「ライター」と書かれた名刺を作ることからスタートしましょう。

名刺には「見習い」「アシスタント」「準備中」など、経験不足であることについては書かないことが大切です。たとえば、あなたが美容室で髪を切るとき、担当の美容師に「自分はまだ見習いなんです」と言われたら不安になりますよね。それと同じことです。初対面の人に渡す名刺は、あなたの分身です。初めて渡された名刺に「起業準備中」や「ライター見習い」と書かれてあったら、それがあなたの第一印象になってしまいます。そして、その第一印象は「あなたの印象」として相手の記憶にずっと残ってしまいます。

第一印象で低く見られてしまうと、大きな機会損失になりかねませんので要注意です。お客様になる人は、プロにお金を払いたいと思っています。たとえ実績がなくともプロであることを名刺に書いて伝えましょう。そうすること、であなたの意気込みが相手に伝わり、初対面でも信頼してもらいやすくなります。始めたばかりの頃は、少し背伸びするくらいでちょうど良いのです。

経験や実績がないうちは、プロを名乗ることに抵抗があるかもしれませんが、仕事を受けないことにはいつまでも未経験のままです。業種や職種にもよりますが、実際に仕事を受注してやりながら必死に覚えていく方が、見習いとして勉強する場合の何倍ものスピードで成長できると思います。特に、クリエイティブ系やプログラミング系の職種はそういった傾向が強い印象です。

では、実際にどんな名刺を作れば良いのでしょうか。
サンプルは次のような感じです。

ライター・編集
橋本 絢子
Ayako Hashimoto
メールアドレス：aaa@bbb.com
電話番号：080-XXXX-YYYY

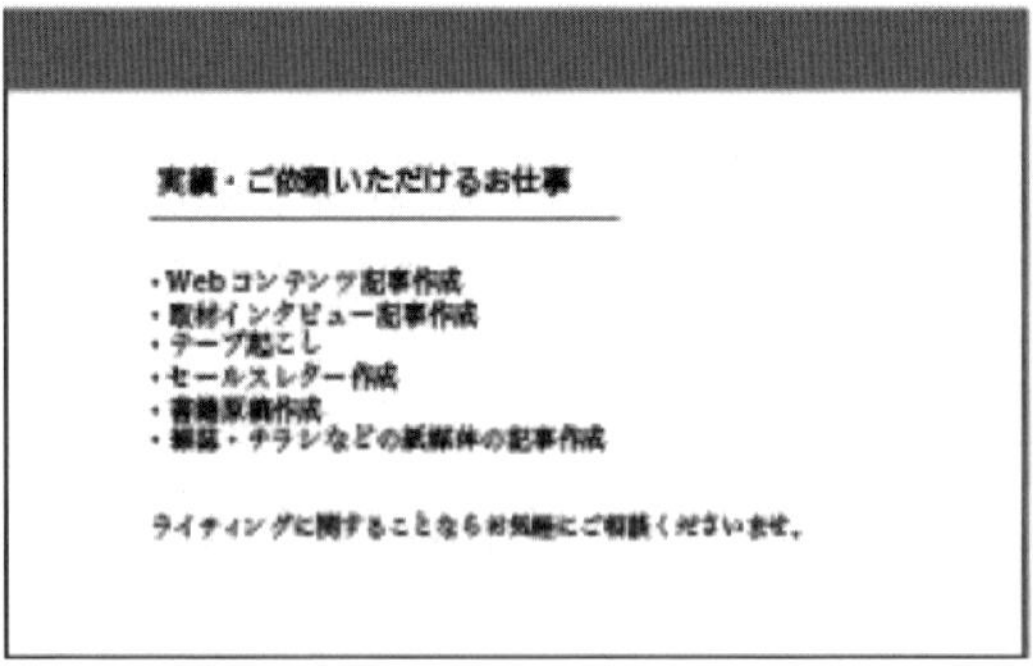
実績・ご依頼いただけるお仕事
・Webコンテンツ記事作成
・取材インタビュー記事作成
・テープ起こし
・セールスレター作成

表面には肩書き、名前、連絡先を書きます。裏面には実績、実績がまだない場合はできる仕事を書いておきましょう。

住所や電話番号を書くかどうかに関しては賛否両論ありますが、女性の場合はセキュリティを考えて、住所はバーチャルオフィス等にしておくか、省いても良いでしょう。電話番号も、記載するものは仕事用の電話番号にしておいたほうが安全です。

なお、文字の大きさは老眼の人でも読めるようにしておくと親切でしょう。

私はこのタイプの名刺に加え、交流会用も作りました。交流会用には出身地や誕生日、血液型、星座や簡単な自己紹介文も載せました。

交流会用の名刺は、異業種交流会でとても役立ちます。初対面の方との会話で間が空いたとき、相手の方は名刺をじっと読んでくださるのです。私の出身地は愛媛県の観光地である道後温泉の近くなので、旅行をしたことがある人とは地元の話で盛り上がることができました。人見知りの人が交流会へ行く場合は、交流会用名刺も準備しておくと良いでしょう。

サンプルはこのような感じです。

jubilee
株式会社ジュビリー 代表取締役
文章集客アドバイザー
橋本 絢子
Ayako Hashimoto
〒160-0022 東京都新宿区新宿 1-1-1
aaa@bbb.com
080-XXXX-YYYY
ID：「hasimotoayako」
ID：「@ayako」
ID：「ayako_hashimoto」

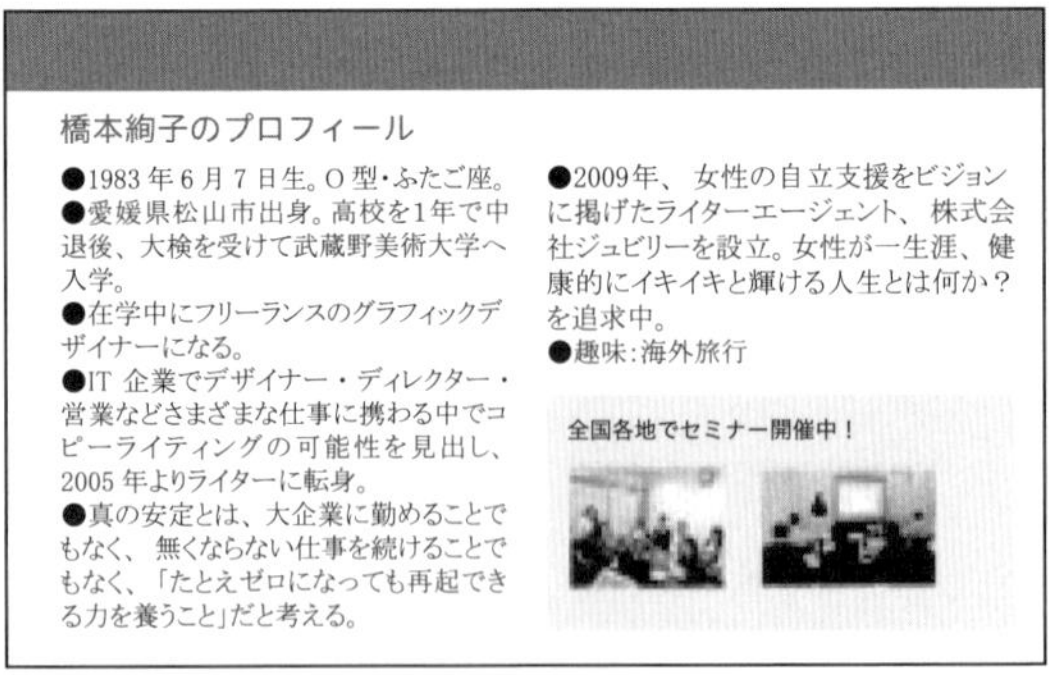
橋本絢子のプロフィール
●1983年6月7日生。O型・ふたご座。
●愛媛県松山市出身。高校を1年で中退後、大検を受けて武蔵野美術大学へ入学。
●在学中にフリーランスのグラフィックデザイナーになる。
●IT企業でデザイナー・ディレクター・営業などさまざまな仕事に携わる中でコピーライティングの可能性を見出し、2005年よりライターに転身。
●真の安定とは、大企業に勤めることでもなく、無くならない仕事を続けることでもなく、「たとえゼロになっても再起できる力を養うこと」だと考える。
●2009年、女性の自立支援をビジョンに掲げたライターエージェント、株式会社ジュビリーを設立。女性が一生涯、健康的にイキイキと輝ける人生とは何か？を追求中。
●趣味：海外旅行
全国各地でセミナー開催中！

他には、二つ折りのタイプの名刺もあります。大人数の交流会では「名刺入れがかさばる」と言う人もいますが、少人数の交流会でしたら二つ折りの名刺でも良いと思います。

スーツを着た男性に声をかけよう

営業はすべてのビジネスの基本です。どんな場所へ行けば、仕事の受注につながる人脈を作ることができるのでしょうか。

主婦の方の場合、主婦起業家が集まるランチ会やセミナーに参加される方が多い傾向です。自分と属性が同じ人が集まる場所だと安心するのかもしれません。

しかし、起業して収入を増やしたいのであれば、駆け出しの主婦起業家が集まる場所へ参加することは一定期間に留めておいた方が良いと思います。「いつも仲良くしている5人の平均収入が自分の収入になる」とよく言われますが、まさにその通りです。今現在の自分と同じレベルの人とばかりかかわっていたら、なかなか成長できません。自分が目指している収入レベルの人と交流する方が、目標収入に早く到達しやすくなるでしょう。

そういった観点から、スーツを着た男性経営者や、予算のある企業担当者が集まる場所へ積極的に出かけることをおすすめします。

おすすめの交流会は、

・参加費が1万円以上の交流会

・尊敬できる人に招待されるクローズド交流会

このいずれかです。

誰でも参加できる無料交流会や、3000円前後の安い交流会は、言葉は悪いですが、集まっている人もそれなりのレベルです。誰でも気軽に参加できる交流会は自分を売り込みたい人が多いので、強引な勧誘を受けることもあるでしょう。

人との出会いの場には投資した方が良いです。主婦が集まる交流会よりも、男性経営者が集まる交流会。それよりもスーツを着た男性が働く会議室。異業種交流会よりも直接企業に連絡をして挨拶へ行った方が、仕事の受注確率は上がります。

緊張する場所であればあるほど、仕事の受注につながりやすくなるのです。


私はフリーライターとして起業した当初、お客様になりそうな企業へ1件1件連絡し、アポイントを取って訪問していました。ターゲットにした企業は東京都内のWeb制作会社です。なぜなら、私はライターになる以前にWeb制作会社で働いていたからです。企業に営業してWeb制作を受注し、制作から納品までを管理する営業兼ディレクターの役割を担っていました。制作は社内のデザイナーが担当していましたが、ライターは社内にいなかったので外部に依頼していました。この外部ライターを見つけることにいつも苦労していたのです。

その経験から、過去の私のように外部ライターを探すことに苦労している人はWeb制作会社に多いのではないかと予測。企業にメールを送り、アポイントを取って、名刺やポートフォリオを持って訪問し、仕事を受注していました。

決算期前の企業に連絡をした際は、訪問しなくとも約30万円の仕事をいただけたこともありました。自ら営業をするライターがあまり多くなかったからこそ、積極的な姿勢が評価されたのかもしれません。

株式会社●●
Webマーケティング部　マネージャー

■■ ■■様

はじめまして。私、ライターエージェントのジュピリー代表の橋本絢子と申します。

このたび、御社のホームページを拝見させていただきましてご連絡を差し上げました。

ECサイトの制作・マーケティングを数多く手がけていらっしゃる御社のビジネスに
私共のサービスがマッチするのではないかと思い、
突然ながらお問い合わせさせていただいた次第です。

私共は50名近いライターとのコネクションを通じて
取引先企業様の商品やサービスに合ったライティングのサービスを提供させていただいております。

直近では下記ECサイトの商品ページのセールスライティングを手がけさせていただきました。

https://●●●.com/●●●

https://■■■.com/●●●

https://▲▲▲.com/●●●

上記以外にも、経営者インタビューやコンテンツ記事ライティング、
雑誌や書籍、紙媒体の執筆実績の豊富なライターをご紹介することが可能です。

もしご興味がございましたら料金体系などを記載した資料を送付させていただきます。

なお、可能でしたら一度、15分ほどお時間をいただきまして、ご挨拶にお伺いできれば幸いです。

■■様のご都合のよろしい日程でお伺いさせていただきますので、
よろしければご都合をお伺いさせてくださいませ。

お忙しいところ、お目を通していただきありがとうございます。

今後とも何卒よろしくお願いいたします。

==
ライターエージェント　ジュピリー
代表　橋本絢子

ホームページ：https://ubilee-web.biz
メールアドレス：info@jubilee-web.jp
==

営業メールについてのポイントは、コピペのような文章ではなく、営業先の会社をきちんとリサーチしたことが分かる文章であること。結論を先に書くこと。相手のメリットを伝えることです。単に「お伺いしたいです」や、「仕事をいただきたいです」というような自分の都合だけを伝えてもスルーされてしまいます。

そして、商品やサービスのキャッチコピーを書くときと同様に、自分自身の魅力をわかりやすい文章でセールスする必要があります。あなたと仕事をするメリットを伝えるため、できればホームページやブログなどのメディアを用意しておき、メールにそのリンク先を貼っておくのがおすすめです。メディアの作り方については第3章で後述します。

「いきなり営業して企業に訪問するのは怖くないですか?」とよく質問されますが、営業が苦手と感じる方が多いのは、おそらく断られることに恐れがあるせいだと思います。「断られた＝自分を否定された」と感じてしまうのかもしれません。しかし、実際はあくまで商品やサービスを断られているのであって、あなた自身が否定されているわけではありません。

私も大人になるまで人見知りが強かったので、まさか自分が営業の仕事をするとは思いもよりませんでした。必要に駆られて営業を始めましたが、起業して数年後に海外のいろいろな場所を旅する中で「営業＝怖いこと」という意識が消えました。

そして「自分にはできない」という思い込みをはずして自信をつけるため、「とりあえず100人以上と出会う、100社以上を訪問する」をモットーにがむしゃらに行動しました。当時読んでいたのは、カリスマ営業ウーマンの和田裕美さんや朝倉千恵子さんの本です。女性で起業を目指す方にとってモチベーションが上がる内容なので、おすすめです。

以前訪れたベトナムでは、路上で車椅子のおばあさんがパンを売っていたり、中学生くらいの女の子が大きなカゴに入れた果物を売り歩いていたりするのが日常の光景でした。生きていくため、街中の人に声をかけながら物を売るベトナムの人たちは、言葉の通じない外国人である私にも声をかけるほど、エネルギーに満ち溢れていました。その姿を目にしたとき、営業とはこの世界を生きていくための基本的なスキルなのだと感じたのです。言葉の通じる相手に営業すること、ましてや諸外国と比べて平和な日本で営業をしてビジネスをするのは、難しいことではないはずです。

企業側もつねにやる気のある人を探しています。あなたも勇気を持って、新しい一歩を踏み出してみましょう。

初対面での会話テクニック

交流会等の場所で、初対面の方にも好印象を持ってもらうためにはどうすれば良いのでしょうか。

人見知りの強かった私が、人間関係を広げていくことができた理由。そのカギは、とにかく興味を持って相手の話を聞くことでした。

人は自分の話を聞いて理解してくれる人や、考えを肯定してくれる人に好意を持ちます。「自分の話を聞いてほしい」と誰もが思っているからです。「あなたに興味があります」と意思表示して、大きいリアクションをとったり、相槌を打つ。これだけで相手はあなたに良い印象を持つでしょう。

さらに、あなたが女性であればチャンスです。多くの男性は、異性である女性に認められたいという気持ちがあります。男性の話をじっくり聞いて、自然に褒める、立てる。女性が男性を褒める「さしすせそ」の法則は、ビジネスの場でも効果を発揮します。

さ・さすがですね
し・知らなかったです・信頼しています
す・すごいですね
せ・センスがいいですね
そ・尊敬します・そうなんですか

これらのキーワードを意識して会話に取り入れるだけで、初対面の方からも良い印象を持ってもらえるでしょう。

また、相手と自分との共通点を見出すことで、相手と親密な関係を築くことができます。相手との共通点にフォーカスして良好な関係を築くことを、心理学用語で「ラポール」と言います。

ラポールは、相手と呼吸を合わせたり、話す速度や声のトーンを合わせたり、動作を真似ることでも構築することができます。初対面での会話に困ったら、「相手の話を聞いて褒めること」と、「相手と自分との共通点を見出してラポールを構築すること」。ぜひこの２つを心がけてみてください。

出会った人との関係性を深めよう

交流会等では、その場限りのやりとりで終わらせないようにするのもポイントです。30代以上の経営者にはFacebookをしている人も多いので、「友達リクエストをさせていただいてもよろしいですか?」と伺って、つながりを増やしていくと良いでしょう。起業して収入を増やしたいのなら、まずアカウントだけでも開設することをおすすめします。

プライバシーの観点から本名を出して使うことに抵抗がある方もいるかもしれませんが、Facebbokについては実名で利用するSNSだからこそ、他のSNSよりも安心度が高いのだと思います。

ただ、なかには、会社員で職場の人にFacebookを利用していることを知られたくないという方や、仕事をしていることをママ友に内緒にしているという方もいらっしゃるでしょう。どうしても見られたくない人がいる場合は、あらかじめブロックしておいて良いと思います。Facebbokでは基本的にブロックをしていることは相手に知られませんし、もしブロックしていることがバレてこじれるような関係であれば、その人はもともとあなたの幸せな人生には必要のない人です。限られた時間のなかで人生の優先順位を考えれば、他人の目を気にして思うように行動できないのはもったいないことです。

一方で、出会う人の中にはSNSを利用していない方もいらっしゃいます。その場合は交換した名刺にあるメールアドレスを確認し、出会ったその日のうちに「今日はありがとうございました」と連絡しておきましょう。自分のことを記憶に残してもらうことができます。

3回会えば、人は、その人のことを記憶すると言われています。仲良くなりたいと思う人と出会ったら、少なくとも3回以上は直接会うようにすると良いでしょう。会えるチャンスを逃さないためには、やはりリサーチが大切です。

Facebookをしている人ならFacebookでつながる。Instagramをしている人ならInstagramでつながる。メルマガやLINE@を配信している人なら登録しておく。アメブロを書いている人なら、自分もアメブロアカウントを開設して読者登録をする。その他、ブログを書いている人ならブックマークに入れて更新情報を日々チェックする。

このような徹底したフォローとリサーチによって、キーパーソンとの強固な人間関係を築いていくことができるようになります。普段からあらゆるSNSに登録して使ってみることも、視野を広げるためにはおすすめです。

新規開拓営業で仕事を受注する方法

新規開拓営業で予算のある企業とつながり、仕事を受注するためには、どんな行動を取れば良いのでしょうか。

私が起業した当初は、ＳＮＳもあまり普及していなかったので、ネットで「Ｗｅｂ制作会社　東京」と検索し、ヒットした会社に片っ端からメールを送ってアポイントを取り、社長に会いに行きました。

アポイントを取るときは「15分だけお時間をください」とお伝えし、あらかじめ作っておいた実績のポートフォリオ、パワーポイントの提案書を元に、実際に15分でプレゼンを行なっていました。「ライターの仕事がございましたらいつでもご連絡ください」

とお伝えすると、その場ですぐお仕事のお話をいただくことや、後日ご連絡をいただくこともありました。

企業の発注予算は20〜30万円以上で、個人規模で会社を経営していた私の場合、月に2〜3社の仕事を受注すれば食べていくことができました。法人営業にチャレンジしてみたい方や外に出ていろいろな企業を訪問してみたい方は、そのような方法で始めてみるのも良いでしょう。


しかし、今はSNSなどの便利なコミュニケーションツールが普及していますので、ネットの力を活用した方が効率的です。まず必要なことはリサーチ。書店やAmazon、インターネット、SNSなど、いろんな方法があります。

書店やAmazonでリサーチを行う場合、あなたが一緒に仕事をしたいと思う分野の本を調べます。気になるタイトルの本が見つかったら、著者の名前をメモして検索してみましょう。本を出版している方のほとんどが、ブログやSNSで情報発信を行なっているので、フォローしておくのが良いです。

メルマガ配信サービスの「まぐまぐ」やDMM、Synapseなどのオンラインサロンサービスでも、仕事につながりそうな情報リサーチができます。Facebook や Twitter でも、フォロワーの多い人の発信をチェックしてみると、ビジネスにつながる学びが多いはずです。

メディアで情報発信を行っている人をフォローし、会えるチャンスがあれば会いに行く。交流会などのイベントがあれば参加してみる。インターネットの時代だからこそ、リアルで人と会うことに価値があるのです。

最初からプロを名乗ることにどうしても抵抗があり、数ヶ月は仕事がなくても生活に困らないだけの貯金があるのであれば「まずはお友達を増やす」という感覚で人とつながっていくことをおすすめします。すぐ仕事になることを期待し過ぎて切羽詰まった雰囲気が出てしまったり、初対面でガツガツしていると思われてしまうと、せっかくのご縁も逃げてしまいます。お仕事は人との縁で発展していくものなので、まずは出会いの場を楽しむ余裕も必要です。

ただし、「手元資金に余裕がないから手っ取り早くお金がほしい！」という場合は、時間に拘束されないアルバイトをしたり、家にある不用品をネットやフリマアプリで販売するなどして、まずは余裕資金を増やすことをおすすめします。

運よく出会った直後から仕事につながる場合もあれば、すぐには仕事につながらない場合もあります。起業後にブログやＳＮＳの発信を続けていれば、起業初期の時期に出会った人から仕事をいただけることもあります。また、数年前に出会った人と仕事のコラボが実現するということも起きます。

長期間にわたって安定した発信や行動を続けることは、信頼につながります。あなたの頑張りを、見ている人が必ずいます。起業したばかりの頃はなかなか手応えを感じられなくても、人と出会い、３年以上発信し続けることで、必ずその成果を実感することができるでしょう。

農耕のように人間関係を大切に育てていく。根気強く育てていれば、２年目、３年目には花開きます。

地方在住・在宅で人脈を増やす方法

ビジネスにつながる出会いの場に交流会を活用しましょうとお伝えしましたが、実際には「交流会へ行きたくても小さな子どもがいるから行けない」「地方に住んでいるからなかなか東京や大阪まで行けない」という方もいらっしゃいます。

なかなか外に出られない方は、ネットを活用して出会いを増やすと良いでしょう。Facebook や Instagram などのＳＮＳは、地方在住の方ほど積極的に活用した方が良いと思います。DMM や Synapse などの有料オンラインサロンに入会して、他のメンバーと交流したり情報リサーチするのもおすすめです。

まずはネットでビジネスにつながる出会いの場を増やし、情報リサーチしていくなかで気になるイベントやセミナーが見つかれば、遠方でも思い切って参加してみる。この動きが大切です。

私はセミナーで全国各地を回っていますが、都会と地方の情報格差は年々広がっていると感じます。

私自身も地方出身者ですが、地元に住んでいると親世代の価値観に影響されて、視野が狭まってしまいがちです。地方在住でも起業したい方であれば、月に1回は3~4日、東京や大阪に滞在して都会の人と交流し、最先端の情報を収集すべきだと考えています。「仕事に直結するプロライター養成塾」の受講生さんを見ていると、東京や大阪に住んでいる人よりも、地方在住で月に1~2回、東京や大阪に出張している受講生さんの方が、ライターとしての収入が高い傾向です。「収入は移動距離に比例する」と言われますが、それは本当だと思います。都会に住んでいると、イベントやセミナーがあっても「いつでも行ける」という感覚になってしまうのかもしれません。

地方在住で意識の高い方は「限られた滞在期間でなるべく新しい人に出会おう」と貪欲です。移動に時間やお金を投資することで、投資分を回収しようという意識も働きます。筋トレと同じように、少し負荷をかけることで人は成長できるもの。限られたチャンスを最大限に活かしているので、スピーディーに収入が上がるのでしょう。

空気や水のきれいな土地に住む方が健康リスクは低くなります。また、地方では家賃などの生活コストも下げることができます。浮いた経費を出張費にして都会で仕事をするライフスタイルが確立できれば、好きなときに好きな場所を旅しながら生きていくワークスタイルが手に入るでしょう。

女性が男性と仕事をする際に気をつけたいこと

女性が男性と仕事をする際、心がけておきたいルールがあります。

あなたがもし、仕事のできないタイプだったとしても、旦那さんや彼氏なら許してくれるかもしれません。しかしビジネスシーンでは甘えや色仕掛けは通用しません。相手の男性は、プロであるあなたにお金を払っています。特に、年商億クラスの男性と仕事をする際には、指示を出される前に相手の要望を察するような「先読み力」が強く求められます。

では、具体的にはどんなことに気をつければ良いのでしょうか。7つのポイントをお伝えします。

1 可愛さよりも格好よさを出す

女性の可愛らしさが愛されるのは20代後半まで。30歳を過ぎたら、可愛いタイプよりも仕事のできる格好いいタイプの女性が仕事で求められます。富裕層の男性は、プロのホステスにお金を払って接客をしてもらう機会も多いため、基本的に女性には困っていません。女を武器にしても意味がないどころか「面倒な女性」と敬遠されてしまうでしょう。メールを送る際もビジネスライクな文章を心がけた方が良いです。

2 伝えたいことは簡潔に

メールが無駄に長いと、忙しいビジネスマンには嫌がられます。結論を先に、要点を分かりやすく、伝えるべきことを必要最低限のボリュームで伝えるようにしましょう。相手に余計な気遣いをさせてはいけません。

過度に自分を責めない、相手に罪悪感を抱かせない、言い訳をしない、やるといったらやる、といった潔い姿勢が好まれます。女々しさや弱さは、女性がお金持ちの男性と仕事をする上では不利になります。

③ 一緒に仕事をするメリットを明確にする

お金持ちの男性の心が動く理由はひとつ。「この人と仕事をすると自分に利益がある」という点です。

相手が自分と仕事をする利益（メリット）は何なのか。漠然とした言葉ではなく「私には５００人以上を集客できる力があります」のように、できるだけ数字を出して簡潔に伝えるようにしましょう。

④ 感情的にならない

女性は、ビジネスで感情を出した時点で男性からは評価されなくなると思ってください。「所詮女だ、気分の上下が激しいんだろう」と思われたら信用をなくしてしまいます。

女性が男性とビジネスをする上では、自分の感情を上手に扱えるようにならないといけません。ＳＮＳでの感情的なつぶやきや、気分に基づく行動はＮＧです。

5 仕事は完璧にできて当たり前

依頼された仕事では結果を出して当たり前です。家庭で家事がきちんとできていなくても旦那さんからは許してもらえるかもしれませんが、ビジネスの場ではお客様の期待通りの仕事ができなければ許されません。

場面によっては、自分の想像の範囲を超えた完璧主義が求められます。相手に利益をもたらすことや、相手が期待した以上のクオリティで仕事をすることは、当然と思うようにしましょう。

6 男性社会の序列を意識する

女性にはさほど上下関係を気にしない人が多いですが、男性は遺伝子レベルで上下関係を重視しています。

「平社員のCさんが、先に直属上司のBさんに相談するべきところを、Bさんをすっ飛ばしていきなり社長に相談した」というのは、男性社会では許されないことです。逆もしかりです。責任者のAさんに報告すべきことを、部下のBさんに先に報告をしてしまって、ひんしゅくを買ってしまうということも男性社会では起こります。スタッフやマネージャーなど、通すべきところを通さなければ、相手からは信用されません。

そのような上下関係を意識した人間関係のルールは、男性社会では知っていて当たり前。しかし、誰かが教えてくれるわけではありません。男性が中心の組織で仕事をする際は全体の序列を意識し、誰がどのポジションにいるかをきちんと把握したうえで、しかるべき人に、しかるべき対応を取るようにしましょう。

7 相手を立てる

女性ならではの得意分野である「男性を立てる」ことや「尊敬を示す」ことも忘れずにしましょう。

男性は女性から頼られるとモチベーションが上がり、やる気がみなぎるものです。あきらかに女性をアピールするような感情的なタイプではなく、真面目に取り組み、人一倍の結果を出している女性に対して「応援したい」と思うのが、本物のビジネスマンの心理です。

何かを教えていただいときには「勉強になります。ありがとうございます」と感謝の気持ちを伝えましょう。相手と良い気分でコミュニケーションを取れるように対応することは、男女問わず必要なことです。

以上が、女性が男性と仕事をする上で心がけておきたい7つのポイントです。

かかわって良い人、かかわってはいけない人

起業して人脈を増やしていくなかで、いろいろなタイプの人と出会うようになります。なかには「あれ？」と思うような人との出会いもあるかもしれません。始めの頃は「どんな人も大切にしなければ」と思っていても、人を見る目が養われていくことで「深くかかわらない方がいい人」というのがわかるようになります。

では、どんな人に気をつけた方が良いのでしょうか。私がご相談いただくケースにも多い「かかわってはいけない人」のパターンをいくつかお伝えします。

◎他人の時間を奪う人

私の起業当初、実際に多かったのは「今度ランチでもご一緒しませんか？」というお誘いです。

具体的な仕事の話があったり、明確な目的があるのであれば、マンツーマンでのランチミーティングはお互いを知るための良い機会になります。しかし、明確な目的が分からない状態で食事をしても、時間の無駄になってしまう可能性が高いです。

「行ってみたらＭＬＭの商品を勧誘された」ということはよくある話。本当に良い商品やサービスは、一対一での勧誘行為をしなくても、自然と売れていきます。何度も電話がかかってきたり、向こうから一方的に情報を求めてきたりという自分本位の「クレクレな人」は、あなたから時間とエネルギーを奪っていくので避けた方が良いでしょう。

◎他人を囲い込む人

起業して間もない頃、頑張っているあなたを「応援したい」と近づいて来る人がいるかもしれません。善意で応援したいと言ってくれているのかもしれませんが、相手もビジネスですから、何かしらの意図はあるはずです。その人とかかわることであなたにメリットがあるのであればかかわっても大丈夫ですが、なかでもこんな人は要注意。

あなたが他のコミュニティと交流したり、他の人とかかわることのないように囲い込んでくる人。もしくは他の人やコミュニティの悪口を言っていたり、自分のもとから去った人を悪く言う人。

経済的にも心にも余裕のある人は、むやみに人を囲い込んだり、精神的に拘束したりはしません。起業初期で自信がない頃は、不安を煽《あお》って近づいてくる人も引き寄せられてきますので、十分注意しましょう。

◎人によって態度を変える人

権威のある人には謙虚な態度を取り、自分よりも立場が下の人には横柄な態度を取る。こんな人とはかかわっていても幸せにはなれないでしょう。

私は25歳で会社を設立した当初、自分に対する態度によって、相手の人間的な本質がよくわかりました。私が「25歳女性」というだけで、最初から上から目線で説教をしてくる年上の男性も多かったのです。そんななか、初対面の私にとても丁寧な態度で接してくださった年上の男性がいました。後から知ったことですが、彼は世界的な大企業で重要な役職に就く方でした。社会的地位は人間性で決まるのかもしれないと、感じさせられる出来事でした。

他にもパワハラのような態度を取る人や、相手の劣等感を刺激して高額なコンサルを勧めてくる人にも要注意です。

誰かに何かを勧められたときは、「この人にこう言われたから」ではなく、自分の意思で選択することです。

「自分には○○が足りないから」という「ないもの」にフォーカスした選択ではなく、「自分は満たされているけれど、これがあるともっと豊かになる!」と、「あるもの」にフォーカスしたうえで自分の行動を選択すること。そうすれば人間関係のトラブルで消耗しなくなります。

なお、コンサルについては、相手から営業してくる人ではなく、自分でリサーチして人気のある人を見つけて受ける方が良いでしょう。ネット上に本名や顔を出して日々発信している人であれば、変に悪いこともできないので、誠実に対応してくれる可能性が高いです。

ポイント5

自分の軸を持ち、尊敬できる人とのつながりを増やしていこう

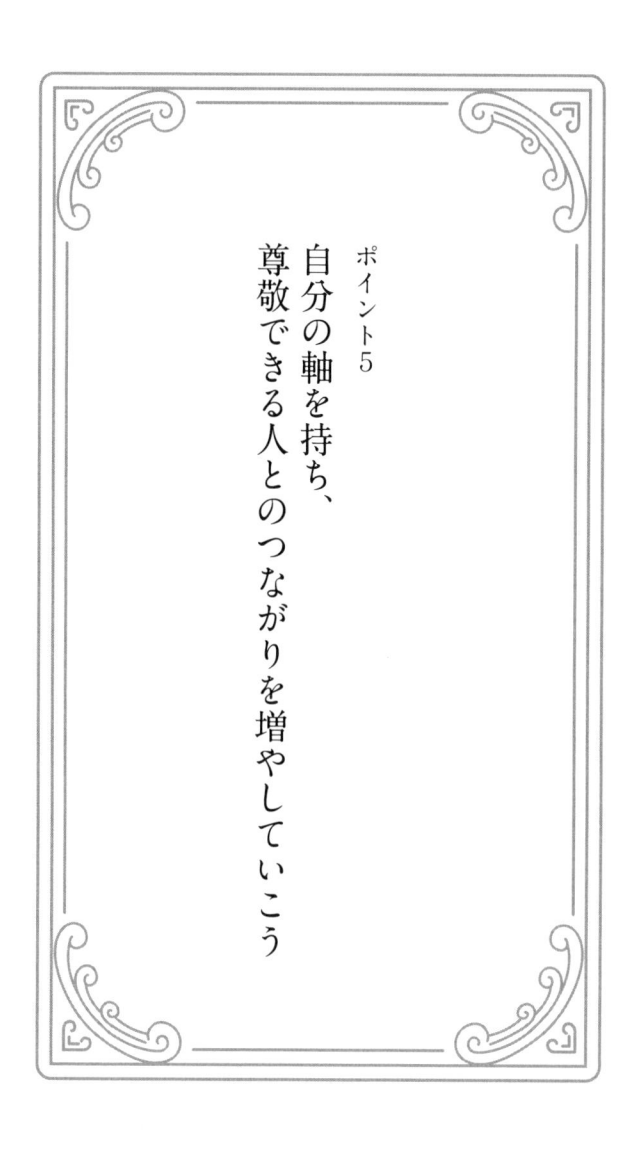

〈コラム〉

私がフリーライターとして起業した当初は、生命保険のセールスレディになったつもりで営業をしていました。ライターなのに保険の営業マンのような営業スタイルは珍しがられ、次々とお仕事をいただけました。

しかし仕事が増えるに従って、取捨選択を行うことの大切さを実感したのです。

自分の能力を買ってくださるお客様に最大限のパフォーマンスを発揮するため、受ける仕事を絞っていく必要があると感じました。経験も実績も少ない起業初期の段階では「価値を決めるのはお客様」です。しかし、経験を積み重ねていくことで、徐々に「自分の価値を決めるのは自分」というスタイルにシフトしていく必要があります。そうしなければ、あなたの価値を低く見るクライアントに足を引っ張られて、あなたの能力を最大限に発揮しにくくなるのです。

ある程度の経験と実績を積んでお客様から評価されるようになったら「社会にどんな価値を提供していきたいか」という視点で、仕事を取捨選択するフェーズに入った方が良いでしょう。

経験も実績も少ない起業初期の段階

自分の価値を決めるのはお客様

徐々に移行していく

経験と実績を増やして
お客様から評価されるようになった時期

自分の価値を決めるのは自分

日常的にかかわる人があなたのセルフイメージを決めます。セルフイメージを上げたいのなら、自分がどんな人とかかわりたいのかというゴールを決めて、逆算して思考する必要があります。

自分で自分の価値を決めるフェーズへと移行する段階では、他人から何を言われても動じないよう、自分と他人の境界線をしっかりと引いておくことが大切です。

3

情報発信で知名度をアップさせる方法

ホームページやブログ、SNSを活用しよう

起業する人にとって、ネットで情報発信をすれば得をすることが多い時代です。「起業しよう」と決意した方は、自分の商品やサービスを広めるためにも、ネットを活用することをおすすめします。

「情報は発信するところに集まる」と言われます。ホームページやブログ、SNS等で情報発信を行うことで、あなたに有益な情報や人脈が集まってくるでしょう。

また、ホームページやブログなどのメディアを整えておくことで、新規営業の際も仕事を受注しやすくなります。

少し前には「SNS起業女子」と言われるほどブームになりました。一方で、SNS

で自撮り写真を投稿する人を見て「自分にはできない」と躊躇してしまう方もいるかもしれません。

まわりの人に知られたくないのであれば、無理に顔出しをしなくても大丈夫です。しかし、「自分は美人ではないから」「恥ずかしいから」「個人情報が心配だから」という理由だけで公開しないのはもったいないことです。個人事業主として起業する以上、あなたは公的な立場に近い存在になります。あなた自身が商品であり、看板タレントです。ビジネスを成功に導きたいのであれば「自分を知ってもらわなければ何も始まらない」。そのくらいに思った方が良いでしょう。

私が起業したときは、いかに自分の顔と名前を多くの人に知ってもらうかをつねに考え、「家族や同級生、元同僚にどう思われるだろうか」といったことは一切考えませんでした。それよりも、お客様の自分に対する評価を大切にしていたのです。少しでも信頼していただきたいと思い、ネット上でも本名と顔を出して情報発信をしていました。

会社員で副業する方の場合は、ネット上に本名を出せないかもしれません。また、発信する場によってはペンネームの方が発信しやすいケースもあるでしょう。顔や本名を出さない場合は、それをカバーするだけの信頼性が必要になることを意識しておきましょう。あなた自身の魅力を正確に伝える力も求められます。

ネットでの情報発信が初めての方は、まずブログからスタートすることをおすすめします。加えてFacebookやTwitter、Instagramなど、あなたのビジネスに合うSNSアカウントを開設すると良いでしょう。物販ビジネスをされる方は、メルカリやラクマ、Amazon、Yahoo!オークションなどの物販アカウントの開設からスタートです。

プル型メディアとプッシュ型メディア

次に、お客様やファンを増やすために必要なメディアの整え方をお伝えします。

ネットで集客するためのメディアには、プル型メディアとプッシュ型メディアがあります。プル（Pull）は英語で「引き出す」、プッシュ（Push）は「押す」を意味します。

プル型メディアは、読者側が必要なときに情報を引き出すメディアで、ブログやホームページなどが代表的です。プッシュ型メディアは、発信者が主体となり、読者に対して能動的に情報を届けるメディアで、メルマガやLINE＠が代表的です。

プル型とプッシュ型を分かりやすくたとえるなら、駅の看板広告と訪問販売です。駅の看板広告を見るか見ないかは、ユーザーが自由に選択できます。しかし、訪問販売で「ピンポン」を押されたら、なかなかに招き入れなくても、誰が来たのかを把握することになるでしょう。

プッシュ型メディアのはユーザーに強くアピールできる一方、使い方を間違えると嫌がられる可能性もある諸刃の剣と言えます。

Facebook や Instagram、Twitter、Youtube はプル型メディアでもありますが、メッセージやDM、通知機能によって、プッシュ型メディアにもなりえます。効果的な使い方は、ビジネスモデルや顧客ターゲットによっても異なり、影響力のある人を真似したからといって上手くいくとは限りません。

ビジネスモデルや顧客の特性に合わせ、自分に合うメディアを使い分けていきましょう、集客効率が格段にアップします。

プル型メディアとプッシュ型メディアの違い

プル型メディア

読者側が必要なときに情報を引き出すメディア

ブログやホームページ etc
コンテンツ
取りに行く
入手する

プッシュ型メディア

発信者が主体となり、読者に対して能動的に情報を届けるメディア

メルマガや LINE@ etc
コンテンツ
届ける

お客様になる人が多いメディアに注力しよう

ＳＮＳで発信を頑張っているのになかなか反響がない。そんなときは、注力すべきメディアが間違っているのかもしれません。

たとえば、20代会社員の女性向けに商品やサービスを販売したい人が、毎日1時間かけてFacebookに文章を投稿していたとします。さて、20代会社員の女性には実際にFacebookを利用している人が多いのでしょうか?

Facebookではまったく効果がなかったところ、Instagramに注力し始めたら急に商品が売れ始めたという方もいます。「あなたのお客様になる人はどこにいるのか」をあらかじめリサーチしてから、発信に注力すべき主力メディアを決めましょう。

では、代表的なメディアに多いターゲット層を解説していきます。

Facebook

30〜50代以上のユーザー層が多く、最も多い層は40〜50代の男性と言われています。起業家など、自分の存在を広くアピールしたい人が積極的に活用していますが、個人情報を知られたくない人はあまり活用していません。

一時期に比べると、Facebook離れが進んだと言われていますが、起業家や企業経営者とのつながりを増やしたい場合は、今でも効果的です。

Instagram

10〜20代のアクティブで交友関係の広い「リア充」層が積極的に活用していると言われています。Instagramでインフルエンサーになれば、企業のスポンサーがつくこともあります。Facebookに比べて気軽なことから、若者の利用が活発で、流行が生まれるSNSでもあります。

Twitter

Instagramと比べると、内向的でインドアタイプの「非リア充」層が中心と言われています。政治経済などのマスコミで報道されない情報を発信している人も目立ち、リサーチにも適しています。フォロワー数に関係なく、投稿の内容次第では、数万人に拡散されて投稿を見てもらえるチャンスがあります。

Youtube

小学生から中高生を中心に、幅広い層の人が視聴しています。テレビに代わるメディアと言われており、トップYoutuberの影響力は芸能人以上になることも。映像が主体なので、ユーザーが求める情報をリアルに届けることができ、固定ファンを増やしやすいメディアと言えます。

Amebaブログ

多くの芸能人・有名人が利用しており、起業家や主婦層など、幅広いユーザーを持つブログサービスです。他のユーザーと交流できる機能も充実しているため、ブログを書きながら友達を増やすことができます。

検索エンジン

お悩みや問題を解決したい人、特定の情報をリサーチしたい人が幅広く活用しているのがGoogleやYahoo!などの検索エンジンです。検索エンジンと相性の良いWordpressのブログやホームページを作っておくことで、あなたを必要としている人から見つけてもらいやすくなるでしょう。

以上をプル型メディアとしてご紹介させていただきました。その他、文章や絵などの作品を投稿できるクリエイター向けのサービス「note」や、はてなブログなどの無料のブログサービス、各種ライブ配信サービスなど、個人がフォロワーに向けて発信できる様々なプラットフォームが存在します。これからネット上で発信していきたい方は、自分の商品やサービスと相性の良いメディアを選んでスタートすることをおすすめします。

プル型メディアでファンを増やし、ファンとの信頼関係を築いたら、メルマガやLINE＠などのプッシュ型メディアにもチャレンジしてみましょう。

認知度の段階によってタイトルを使い分ける

起業初期の方にありがちな失敗は、「何屋さんなのか分からない」ということです。たとえばブログのニックネームを「ayako」のようなローマ字表記だけにしていませんか？　または「キラキラハッピーコーチ」のような「誰のためにどんな価値を提供できるのか」がわかりにくい肩書きも損をします。

「橋本絢子@文章集客アドバイザー」「橋本絢子@プロライター養成講師」のように、肩書きを見れば誰にどんな価値を提供できるのかが明確にわかる状態にしておくことをおすすめします。

今は、情報が溢れる時代です。第一印象で何のタイトルなのか理解されなければ、ネットを開いた10秒以内には閉じられてしまうでしょう。「誰に対して」「どんな価値を提供できるのか」が一言で伝わるような肩書きやタイトルであれば、集客につなげることができます。できれば小学生でも理解できるようなやさしい日本語にしておくと、読者に伝わるスピードが速くなり、すぐに反応してもらえるようになります。

私の場合、今では自分のホームページ兼、ブログのタイトルを「橋本絢子オフィシャルサイト」としていますが、私の名前での検索数が増える前までは、アメブロのタイトルを「文章で集客！　女社長のおめでたい日々」にしていました。認知されていない時期に自分の名前を前面に出しても、あまり意味がありません。名前よりもキャッチーなタイトルつけた方が効果的です。そして、そのキャッチーなタイトルのなかには、読者がメリットを感じる情報を入れることがポイントです。

たとえば次のようなタイトルは、ひと目でメリットが伝わります。

「世界を旅しながら、パソコン1台で月収100万円になる方法を教えます」
「婚活開始から3ヶ月。ハワイで結婚したアラフォー女のブログ」
「3人の息子を東大へ合格させた母が伝授する勉強法」

認知度の段階によって読者への伝わり方は異なります。知名度の低い起業初期の頃はあれもこれも詰め込みすぎるより、商品やサービスを一つに絞る方が訴求力を高めることができます。起業初期は百貨店ではなく、専門店を目指していきましょう。

読者にメリットを感じさせるようなブログタイトルでファンを増やし、あなたの名前が広く認知されるようになって初めて「名前＋オフィシャルサイト（ブログ）」というタイトルが意味をなします。認知度の段階を把握しながら、その都度、効果的な方法にシフトしていくことが大切です

加えて、日本人向けのサービスであれば、ブログやホームページのタイトルは英語よりも日本語の方がベターです。屋号や会社名が英語の場合も、日本人がすぐに理解できるようにしておくほうが良いでしょう。英語表記でも集客できるのは「Apple」や「LOUIS VITTON」のような、確立されたブランドのみです。自分でブランドをイチから作りたい場合は、ブランドの説明を分かりやすく表記しておくのが良いでしょう。

ポイント6

ニックネームやブログタイトルは、小学生でもすぐに理解できる日本語を使おう

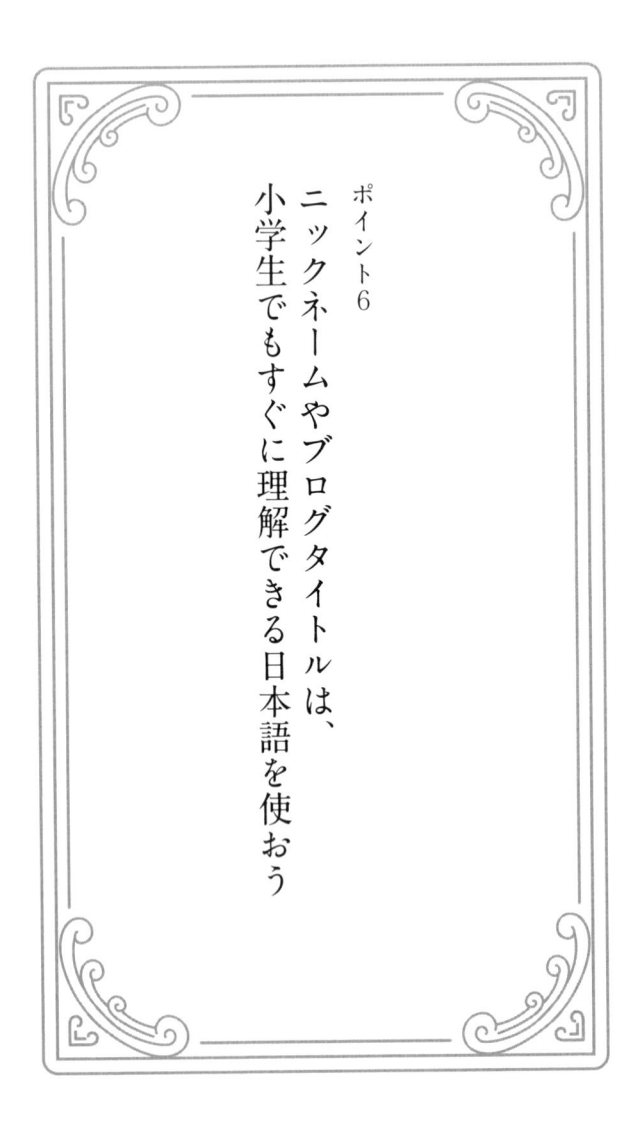

SEOとSNS対策

新規のお客様やファンを増やすためには、検索エンジンとSNSのどちらに注力するのが良いのでしょうか。

検索エンジンからアクセスを集めて集客するためのSEO対策と、InstagramやTwitter、Facebookで集客するSNS対策。どちらに注力すべきかは、ビジネスモデルや顧客ターゲットによって異なります。安定した集客を目指す場合は、両方をバランス良く対策することをおすすめします。

SEO対策の基本

世の中には、検索エンジン最適化（SEO）対策に関する書籍が多く存在します。しかし、対策を行う前に確認しておきたいことは、そのビジネスが検索エンジン向きであるのか、ということです。

検索エンジンを活用するのは「目の前の問題をすぐに解決したい人」です。「最近、お肌のハリがなくなってきたから良い美容液を探している」「脱毛クリニックを探している」というような「特定の情報を知りたい人」に向けたビジネスは、検索エンジン対策に力を入れるべきです。

「あなたのお客様になる人は、どんなキーワードで検索すると思いますか?」

この質問に3秒以内で答えられたら、あなたのビジネスは検索エンジンの対策をする方が良いでしょう。

「痩身　エステ　大阪」
「メルカリ　発送　代行」
「水素水　比較」
「アラフォー　女　婚活」

このようなお悩みのキーワードで検索をする人が、あなたのホームページやブログにいち早くたどり着けるように対策するということです。

ＳＥＯ対策について詳しく説明すると数冊分の内容になってしまうので、ここでは割愛しますが、知りたい方はＳＥＯ対策やＳＥＯライティングに関する本を最低10冊程度は読むと良いでしょう。

Google の検索エンジンのアルゴリズム（ルール）もつねに変わるので、Google のウェブマスター向け公式ブログを定期的にチェックすることをおすすめします。

SNS対策

Facebook や Twitter、Instagram を使ったことがない方は、ひとまずアカウントを開設して使ってみましょう。SNSの使い方に正解はありません。不安がある場合は、1～2冊本を読んでから始めてみるのも方法のひとつです。

「アカウントはあるものの、何を投稿していいか分からない」と言う方もいますが、アカウント登録してすぐに投稿をしなくても大丈夫です。いろいろな人と友達になったりフォローをしながら、自分が「いいな」と思う投稿をチェックしていきましょう。

心が動かされる投稿には、何かしら自分と通じる要素があります。憧れでも嫉妬でも、感情が動くのは自分もそうなれる可能性があるからです。

ハリウッド女優に嫉妬して苦しむ女性はほとんどいなくても、同年代、同属性の近い存在の人は嫉妬の対象になりやすい。それは、少し頑張れば自分もそうなれることを心の奥底で気づいているからです。つまり、嫉妬や憧れの感情が湧いたときはチャンスです。その人をお手本に、良いと思える要素はぜひ自分の発信にも取り入れてみましょう。

「まずは使ってみる」という最初のハードルを越えたら、次は読者に価値を提供する投稿を心がけていきましょう。あなたのお客様やファンになりえるターゲットに、日々価値のある情報を提供する。それだけで会ったことのない人とも信頼関係が築かれていきます。

SNSを使い始めたばかりの頃は、反響が分かりにくいかもしれません。「こんなことをやっていて何の意味があるのだろう」と思うこともあるかもしれませんが、そんな場合に私がおすすめしているのが「100行動」です。

「効果があるのか分からないけれど、とりあえず100記事を書いてみる」「1日1投稿を100日間続けてみて検証する」「SNSで知り合った100人と直接会い、本当のニーズを知る」というように「とりあえず100行動してみる」と決めて行動することで、次第に自分独自のノウハウが確立されていきます。本質も見えてくることでしょう。

SNSには流行りすたりがあります。世の中のトレンドをチェックして「流行っているSNSはとりあえず使ってみる」という積極性を持つことで、時代の流れをいち早く掴むことができます。

発信を仕組み化しよう

「誰に」「何を」「どのように」発信するかについての方針が決まったら、発信を仕組み化することをおすすめします。

事業を軌道に乗せて売上を安定させている人の共通点は「行動が安定していること」です。

ブログをコツコツと毎日更新する、週に2回のメルマガを出す、Youtubeに動画を毎日アップする……など、「安定収入は安定行動によって作られる」と言われますが、まさにその通りだと思います。

私も、2009年に起業して今まで事業を続けられているのは、安定して発信ができているからだと思います。起業後の4年間はアメブロを毎日更新して読者数を増やし、アメブロ経由でもライターの仕事を受注していました。現在、ブログは不定期更新になっていますが、メルマガ・LINE@のプッシュ型メディアを定期更新しています。気軽に投稿できるFacebookやTwitter、Instagramも頻繁に更新しています。

安定行動を何年も続けることで、信頼につながります。最初の1~2年間は「どういう人なんだろう?」と思って見ていた人も、3年目になると「以前から頑張っている人だな」と認めてくれるようになります。

未来の自分を信じて、まずは100行動。まずは1年、続けてみてくださいね。

ファンを増やすための文章術

　情報を発信していくにあたり、どんな文章を書くとファンやお客様が増えるのでしょうか。

「何を投稿して良いか分からない」「書いて大丈夫な内容なのか心配で、なかなか書き進められない」という方もよくいらっしゃいますが、その多くは最初にマーケティングができていないことが原因です。「読ませる文章はマーケティングでほぼ決まる」といっても過言ではありません。

　では、マーケティングとは何をすれば良いのでしょうか。読者の心を動かし、行動へと促す文章を書くためには「書き手」である自分と「読み手」である相手の立場を明確にしておくことが大切です。

書き手としての視点

誰視点なのかを意識して書くことで、読ませる文章になります。自分を客観視できていない状態で文章を書くと、読者に違和感を与えてしまうので注意が必要です。

読者にとって「自分」はどんな人なのか？　認知されているのか？　人気はあるのか？　ライバルはいるのか？　いるとしたらどんな人か？　ライバルと比べたときの自分の強みや弱みは？

こういった点を整理してみましょう。

ビジネスとして発信するのであれば、自分がその道のプロであることをアピールしていく必要があります。「プロの目線で読者に役立つ内容をお届けしよう」という心構えを持って書くことで、読者に読んでもらえる文章になるのです。

読者になる人は、あなたの書いた文章を、限りある人生の時間を割いて読んでくださっています。時間を投資して読んでいただくわけですから、「読んで良かった」と思ってもらえるように、文章を通じて価値を提供していきましょう。

読者ターゲットを決める

ターゲットは一人（一つの属性）に絞った方が効果的です。

「たくさんの人に来てもらいたいので、男性から女性、子どもから大人までをターゲットにしています」と言う方がよくいらっしゃいますが、ターゲット層を複数にするとそれだけ訴求力が弱まると思ってください。

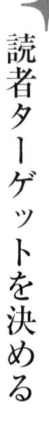

たとえば、ラブレターの場合を想像してみましょう。「僕はAさんとBさん、二人のことが好きです。どちらか僕と付き合ってください」と書いてしまったら、おそらくどちらにも振り向いてもらえません。しかし、ビジネスの文章でこれと同じような失敗をしている人を多く見かけます。

読者の心を動かし、行動へと促す文章は、単なる情報（インフォメーション）ではなくコミュニケーションです。大切な一人に向けて手紙を書くような気持ちで書いてみましょう。目の前にターゲットとなる読者が座っていることをイメージして、その人に語りかけるように書いてみてください。書き手としてはたくさんの人に読まれる文章を書いているつもりでも、読み手にとってあなたの文章は唯一無二の存在なのです。「皆さん」に向けて書くのではなく「あなた」に向けて書く。ターゲットになる人物像（ペルソナ）を一人に絞っていきます。

なお、ペルソナを決めるときは「こういう人ってよくいるよね」というタイプに設定することをおすすめします。東京都23区内に住む30代の主婦、子どもが幼稚園に入って時間に余裕が出てきたから仕事をしたいと思っている人、副業をしてお小遣いを増やしたい既婚の30～40代会社員男性などが「よくいるタイプの人」の一例です。よくいるタイプのペルソナに向けて書いた文章は、少なくとも100人以上のターゲットへ届く文章になります。

一人の「ペルソナ」に向けて書いた文章の例（橋本絢子オフィシャルサイト・ブログ記事より抜粋）

夢を叶えるマインド

2017.07.23

自分の幸せに制限をかけていませんか？

ツイート　シェア　B! はてブ　G+ Google+　Pocket

もしもあなたが誰かに嫉妬したり
モヤモヤしているなら
その感情に蓋をしないでほしい。

なぜなら、
「羨ましいな」と思う人は
なりたい自分の姿であり

なりたいと思った時点で
もう叶うことが決定しているから。

そう、決定しているんです。
今は信じられないかもしれませんが。

「どうせ自分なんかにできるはずがない」

と思うなら、そう思う根拠は何なのか？

じっくり見つめてみましょう。

「どうせ自分なんか」を手放すのは
勇気がいることです。

慣れていない人にとって
難しいことです。

一度、失敗する覚悟で
一歩を踏み出してみればいい。

「どうせ自分なんて」の枠を外して
やってみたかったことを
思いきってやってみればいい。

大抵のことは
失敗しても死ぬわけではなく
失うものはありません。

「こうなりたい」という夢があるなら
叶わない理由ではなく
叶う理由を30個以上書き出してみましょう。

1記事1テーマ

自分を客観視できている状態で、自分に合うターゲットをペルソナに設定したら、「誰に」「何を」「いかに」伝えるかを考えます。それが決まったら、実際に文章を書き始めてみましょう。

わかりやすく伝わりやすい文章を書くためには「1記事1テーマ」を心がけましょう。1つの記事に言いたいことが複数あると、読者が混乱してしまうだけでなく、記事の訴求力も弱まってしまいます。伝えたいことは一つに絞る。ターゲットとテーマに必要のない部分は次々とカットしていく。そうすることで文章のキレが良くなります。

型にはめる

読みやすい文章には、共通した型というものがあります。

ビジネス文章のお役立ち記事で多いのが、「序章」→「本論」→「結論」と展開する型です。序章で読み進めたくなる導入文を書き、本論で伝えたい内容を書き、結論では本論を受けて自分の見解を書きます。多くのビジネス書やＷｅｂメディア記事がこの構成になっています。

ストーリーを伝えたい記事では「起」→「承」→「転」→「結」の流れで展開していきます。ドキュメンタリーやストーリー仕立てのインタビュー文章に多い型です。映画やドラマも、視聴者の感情を動かすために起承転結を軸に構成されています。特に「転」を意識することで、ドラマティックな文章が書けるようになります。

「状況」→「複雑化」→「疑問」→「答え」と展開する型もあります。政治や社会問題を扱ったジャーナリスティックな文章に多いパターンです。最初に事実を伝えることで読者に問題提起を行い、根拠となるデータを用いたうえで、書き手の解釈や主張を伝えます。ルポライターの書く文章や、時事評論を扱った書籍などに多い型です。

これ以外にも、文章の論理展開には複数の型があります。読みやすい文章の型をたくさん知って使い分けることで、文章を書くスピードが速くなるでしょう。

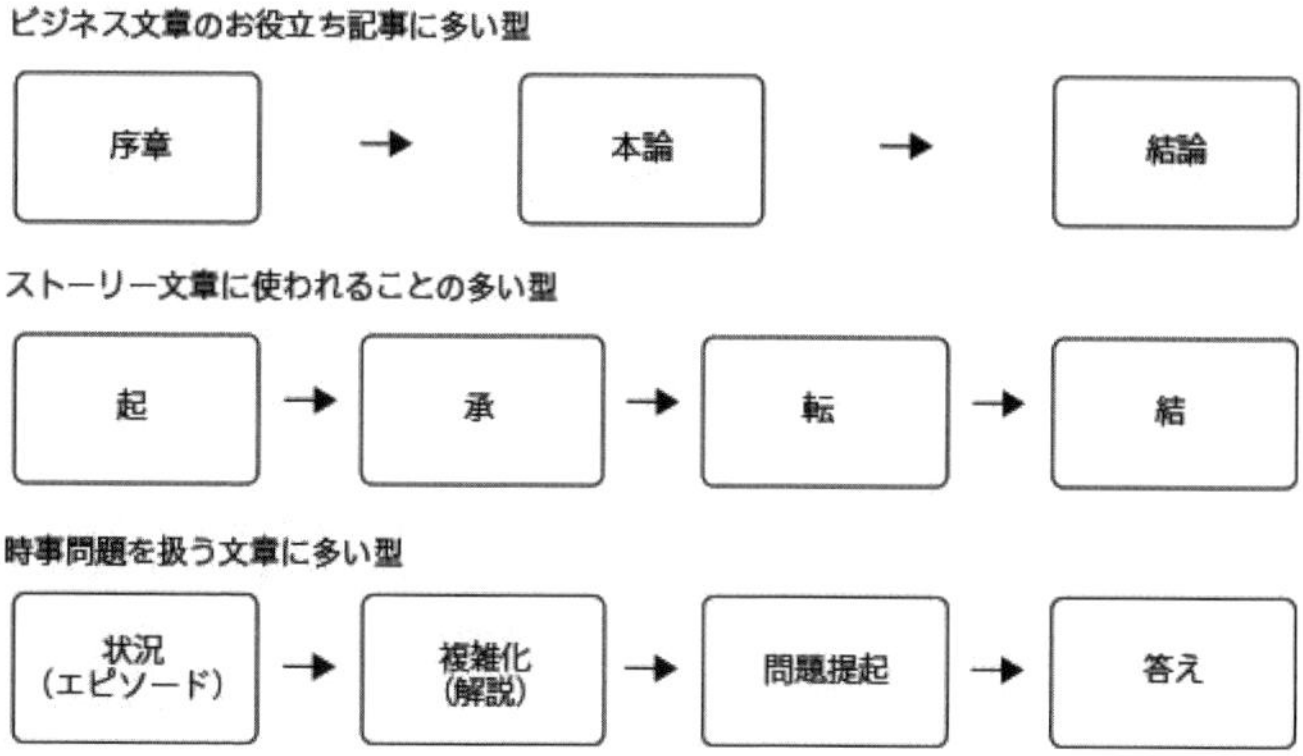
ビジネス文章のお役立ち記事に多い型
序章
本論
結論
ストーリー文章に使われることの多い型
起
承
転
結
時事問題を扱う文章に多い型
状況
（エピソード）
複雑化
（解説）
問題提起
答え

私は求人広告のライターをしていた会社員時代、繁忙期は1日1～3万文字程度の文章を書いていました。短時間で長文を書くときに頼っていたのが文章の型です。社内で評価の高いコピーの型を分析し、その型に当てはめる形で書いていたので、長文でもスピーディーに書くことができました。「ロジカルシンキング（照屋華子、岡田恵子著・東洋経済新報社）」、「ロジカルライティング（照屋華子著・東洋経済新報社）」、「考える技術・書く技術（バーバラミント著・ダイヤモンド社）」などの本を読んでワークブックで練習するうちに、型に当てはめて書くことに慣れました。

経験を積み重ねると、型を意識しなくても体が自然と型を覚えているので、スラスラと文章を書けるようになります。書くスピードを速くしたい方は、読ませる文章の型を知ってぜひ活用してみてください。

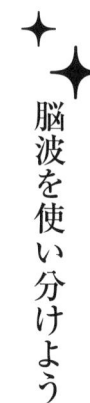

脳波を使い分けよう

人間の脳波には「シータ波」「アルファ波」「ベータ波」などがあります。ボリュームのある文章をスピーディーに書くときなど、脳の使い方を工夫することもおすすめです。

シータ波は、寝ているのか起きているのか分からないような瞑想状態のときに出てくる脳波です。将来の夢やビジョンを描きやすくなり、人生の目標を明確にすることができます。自分の人生の目標を明確にさせると、書き手としての「視点」も明確になるので文章を書く際にも役立ちます。

普段から規則正しい生活と健康的な食事、適度な運動を心がけることで、シータ波が出やすい脳を作ることができます。パソコンやスマホのブルーライトや蛍光灯の白い光は脳に刺激を与えますので、眠る2時間前からは目に入らないようにした方が良いです。

そのうえで、シータ波を出したいと思った時間には、自分なりにリラックスできる空間を整えましょう。部屋の照明は真っ暗か、橙色くらいの明るさまで落とします。必要に応じてリラックスできる作用のあるアロマを焚いたり、音楽をかけるのもおすすめです。

私は寝つきが悪かった頃に、部屋で入眠用の音楽をよく流していました。経験として、屋久島の清流音を流して眠ると、最もリラックスして早く眠りにつくことができました。シータ波を出すための音楽ＣＤも多く販売されています。

意識がはっきりしながらもリラックスしている状態のときに出るのがアルファ波です。カフェでコーヒーを飲んでいるときやシャワーを浴びているとき、車を運転しているとき、乗り物で移動しているときなどに出ます。

アルファ波のときにはインスピーレーションが降りてきやすくなり、キャッチコピーや記事ネタのアイデアが浮かびやすくなります。記事全体の構成（プロット）を考えるのも、アルファ波のタイミングが適しています。視野も広がっているので、右脳を使ったラテラルシンキング（水平思考）が得意になります。

アルファ波を出すためには、意識的に休息を取ることが大切です。人間の集中力が持続する時間は約45分と言われています。45分仕事をしたら15分休憩する、というように、集中の合間に脳をアルファ波にする時間を取り入れるようにしてみてください。

　集中モードからリラックスモードに切り替えるには、深呼吸がおすすめです。お腹から息を長く吐いて、鼻で深く息を吸う。これを何度か繰り返しているうちに、気持ちが落ち着くだけでなく、血のめぐりも良くなり、心身に様々な良い影響があります。

　また、体を動かしたり移動をして景色を眺めるのもおすすめです。できれば緑の多い自然の豊かな場所を毎日30分～1時間ウォーキングすると、アイデアが降りて来やすくなるでしょう。

　アルファ波を効果的に活用するには「休む」ことに対して罪悪感を感じないことです。会社員生活が長いと、休むことにどうしても罪悪感を持ってしまいがちです。しかし、アイデアを活かすクリエイティブな仕事は、休むことも仕事のうちです。脳や体を休めることで、新たな視点からの気づきや発見がありますので、それを仕事にも活かすようにしましょう。

　シータ波、アルファ波が出ているときにアイデアが思い浮かんだら、必ずメモを取るようにしましょう。メモを取る際には、思い浮かんだ文章の流れも単語で書き留めておくことをおすすめします。

そして、**ベータ波は脳が集中モードになっているときに出てくる脳波です。**パソコンで仕事をしているとき、論文などを書いているとき、集中して本を読んでいるときに出ます。アルファ波・シータ波のときに比べて視野が狭まっていますが、左脳を使った垂直思考（ロジカルシンキング）が得意になります。

ベータ波を出して集中モードに入るために必要なのは、スイッチを入れるための何らかの儀式です。一杯のコーヒーを飲む、お気に入りの歌手の音楽を聴く、体操をする。なんでもかまいません。自分にとっての「集中モードに入るためのスイッチ」を持っておくことで、仕事に取り掛かるのがスムーズになります。

文章を書くときや作業をするとき、人によって集中できる環境は異なります。私は本の原稿やセールスレター、メルマガを書くとき、無音の部屋か、近所のカフェを利用します。この2箇所が私にとって集中できる環境だからです。

以前、知人の人気コラムニストのご自宅を訪問した際、彼女はテレビのバラエティ番組を流しながら原稿を書いていました。テレビを見ながら原稿を書いたことのない私にとっては新鮮な光景でした。彼女によると、いつも世間の流行を意識して文章を書いているので、テレビから入ってくる情報がインスピレーションとなり、原稿がサクサクと書けるそうです。

人によって集中できる環境は異なります。大切なのは「自分にとっての集中のスイッチ」「自分が最も集中できる環境」を自覚して用意しておくことです。

「ベータ波になっている時間＝仕事をしている時間」と考えがちですが、コピーライターの脳は24時間働いています。シータ波のときにビジョンを描き、アルファ波のときにアイデアを降ろし、ベータ波のときに集中して文章を書く。この使い分けを徹底すると、書く時間が格段に短縮されるでしょう。プロのコピーライターは、体が休んでいるときでも寝ているときでも、頭は24時間働き続けています。

文章をスピーディーに書く秘訣。それは、脳波の状態によって「考える」作業を使い分けることなのです。

パソコンを立ち上げて、「さて、今日はブログに何を書こう」と考えてから始めていては時間のロスになります。全体のコンセプトや方向性・構成は、アルファ波のときに決めておくこと。思い浮かんだ瞬間に必ずメモを取ること。そしていざ、脳が集中モード（ベータ波）になったときになんとなく書くのではなく、読みやすい文章の型を意識して書くこと。この流れで書くスピードが格段に速くなります。

高額商品が売れるセールスレターのテクニック

セールスレター鉄板の型

あなたの商品やサービスを読者にアピールする際、セールスレターを書けるようになっておくと有利です。

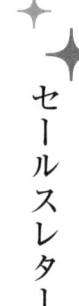

しかし、「長いセールスレターを書くのは大変そう」と感じる方は多いはずです。売れるセールスレターが簡単にスラスラと書ける方法があるなら、知りたくありませんか？

売れるセールスレターを作るためにはいくつかのコツがあり、プロのコピーライターはそれらをマスターしているのです。この本を読んでいただいているあなたに、そのコツをご紹介します。

まず、売れるセールスレターには「型」があり、当てはめて書いてみて慣れてきたら型を応用させます。このステップを踏むことで、だんだんとスムーズに書けるようになります。料理と同じように、最初は包丁の使い方やお米の炊き方を覚え、できることが増えたら応用を効かせていく。セールスレターもそのようなイメージです。

初心者の方は次の型に当てはめてみましょう。

【1】ターゲットの悩み
【2】ターゲットの悩みの解決法
【3】商品情報・講師プロフィールなど
【4】その商品・サービスから得られる成果
【5】特典（今すぐ購入した方が良い理由）
【6】お客様の声

【7】Q＆A
【8】思い・理念・ビジョン

どんなに長いセールスレターも、ほとんどがこの8つの要素を軸に書かれてあります。8つの順番は商品やサービスによって異なります。

超有名な先生が監修した商品であれば【3】が最初にくることもありますし、商品開発ストーリーがとても感動する内容であれば【8】が最初にくることもあります。どこを切り取り、どこを強調するかは、ターゲットがどんな人か、商品やサービスがどんな特徴を持っているかによって異なります。

普段からネット通販サイトなどを見て「いいな」と思うセールスレターがあれば、どの部分がどの要素なのか分析することを習慣にしていきましょう。消費者の視点で「いいな」と思ったセールスレターはただ眺めているだけではなく、発信者の視点になって分析することで、あなたのノウハウになっていきます。

効果的なキャッチコピー

人が商品やサービスを「買いたい」と思う決め手とは
「これを買ったら、こんな生活が手に入る」
「このサービスに申し込んだら、こんな自分になれる」
というように「メリット」を感じるからでしょう。

たとえば、あなたが電気ドリルを売るとして、キャッチコピーをどんなふうに書くか想像してみましょう。

「ドリルの回転スピードが超高速です！」や、「軽くて持ちやすいです！」というような文章が最初に思い浮かぶかもしれません。しかし、電気ドリルを買いたい人は電気ドリルそのものよりも、電気ドリルによってどんな穴を開けられるかに興味を持っているはずです。そのため、「最先端の機能を搭載したドリルです」という広告文よりも、どんな穴が開けられるのかがわかる写真にまず目をとめるでしょう。

別の例でいうと、「コピーライティングを学ぶことをおすすめします」と私がお伝えしても、振り向いてもらえるのはすでにコピーライティングに興味を持っている方や、もしくはすでに勉強している方だと考えられます。

「コピーライティング」と「電気ドリル」は、どちらもターゲットへの「手段」です。手段だけをお伝えしても、振り向いてもらえる相手はもともと興味を持っている人に限定されてしまいます。

そこで、「コピーライティングを学べば、経済的・時間的自由が手に入り、世界中を旅しながら好きなときに好きな場所で仕事ができます」とお伝えするならどうでしょうか。

「経済的・時間的自由が手に入り、世界中を旅しながら好きなときに好きな場所で仕事ができます」という部分は、ターゲットが欲している「目的」であり、ターゲット自身が気づいていない「潜在欲求」でもあります。ターゲットに興味を持ってもらうためには、ターゲットの目的（潜在欲求）に訴えかける「メリット」を伝える必要があるのです。

たとえば、「美しくなりたい」と願う女性の潜在欲求も様々です。異性にモテたい、パートナーに喜んでもらいたい、女友達に勝ちたいなど、それぞれの目標や目的があるでしょう。

自分のターゲットが本当に求めているものは何か。ターゲット自身が気づいていない「真の目的」を言語化して伝えること。「そういえばそうだ！」と思わせること。それがターゲットの心を掴むコピーライティングの秘訣です。

このように、商品やサービスのキャッチコピーを書くときは、ターゲットが買いたいと思う「手段」と「目的」、商品・サービスの「特徴」と「メリット」をそれぞれ整理してから書き始めることをおすすめします。

メルマガ・LINE＠の活用方法

ブログやSNSでの発信に慣れてきた方におすすめしたいのが、メルマガ・LINE＠などのプッシュ型メディアでの発信です。

プッシュ型メディアは先述した通り、読者に対して能動的に情報を届けるメディアです。ブログやSNSで一定以上のアクセスが集まってファンが増えたら、ファンとの信頼関係を深める手段として、プッシュ型メディアが有効になります。

メルマガやLINE＠は、読者にとってよりパーソナルスペースに入ってきやすい環境です。また、表では公開できない「ここだけの話」を書くことで、読者により親近感を持ってもらいやすくなります。

では、具体的にどうすればメルマガやLINE＠でファンを増やすことができるのでしょうか。

メルマガの配信は、配信スタンド選びからスタートです。いろいろな配信スタンドがあり、料金形態も様々です。できれば読者数が増えても月額料金が一定のサービスがおすすめです。

そして、私が最も大切だと思っているポイントは、読者のリスト（メールアドレスや名前など）が分かり、CSVデータの書き出し機能があることです。

メルマガ配信スタンドによっては、発行者側がメルマガ登録者のメールアドレスを把握できないサービスもあります。そうなると、配信スタンドをお引越ししたいと思ったときに、またゼロから読者を集めなければなりません。せっかくコツコツと読者を増やしたのに、配信スタンドの引越しでリセットされるのは時間のロスになります。

配信者側であるあなたが、メルマガ登録者のメールアドレスを把握できるスタンドであること。なおかつ、配信スタンドを引越しする際には、メールアドレスなどの登録情報一覧データをCSVという形式のファイルに書き出すことができて、新しいスタンドにスムーズに引越しができること。CSVインポートとCSVエクスポートが機能の中に含まれているかをチェックしましょう。この条件が整っていれば、あとは予算や見込み登録者数、サーバの機能などで比較してみてください。

比較してどの配信スタンドを使うかは人それぞれですが、国内サービスでは最初は0円から始められるオレンジメールからスタートされる方が多いようです。私自身は、アスメル、メール商人、エキスパートメールなどを使ったことがあり、どのサービスもそれぞれの良さがあると感じています。

LINE@は、トークアプリ「LINE」をメルマガのように使えるアプリです。クーポンやポイントカードなど、店舗運営者向けの便利な機能が豊富ですが、起業して情報発信をする際にも活用できます。

一対一トーク機能で問い合わせに対応したり、タイムラインをブログのように使ったり、メッセージ機能をメルマガのように使ったり、効果的な使い方は様々です。いろいろな人のLINE@に登録してみて「いいな」と思う人の使い方を参考にすると良いでしょう。

ちなみに私の場合は、

一対一トーク機能
↓講座やコンサルへの問い合わせ、受講生のサポート

タイムライン機能
↓在宅起業に役立つノウハウを日々更新

メッセージ機能

↓タイムラインで更新した記事のお知らせ

といった形で使い分けています。

メッセージ機能は月1000通まで、タイムライン投稿は月4回までは無料ですが、それ以上使う場合は有料プランになります。

次に考えることは、メルマガやLINE@の読者数を増やす方法です。まず、すでにアクセスの集まっているブログやFacebook、YoutubeなどのSNSから、メルマガの内容を宣伝する必要があります。単に「メルマガを書いているので登録してくださいね」ではなく、そのメルマガが「誰にとって」「どんなふうに」お得な情報を発信しているのかを具体的に紹介した方が登録してもらえるでしょう。メルマガ配信前には、SNSで「今日はこんな内容を配信します。読んでみたい方はこちらからご登録ください」と予告するのもおすすめです。

また、メルマガやLINE＠の登録者限定の無料プレゼント（無料オファー）を用意しておくと良いでしょう。セミナーの動画や、音声、ＰＤＦ、電子書籍などが無料オファーとして用意しやすいです。「無料でこんなに豪華なプレゼントがもらえるの！？」と思われるような、インパクトのあるオファーにした方が注目されます。できれば、その無料オファー専用のセールスレターページ（ＬＰ）も用意しておく方が良いです。スマホからワンクリックで登録しやすいレスポンシブ（異なるデバイスに対応した）デザインのＬＰにしておくと、短期間で読者数が増えやすくなります。

定期的に無料オファーＬＰをFacebook広告やリスティング広告などのネット有料広告に出稿し、さらに検証することでより効率的に登録者を増やしやすくなります。

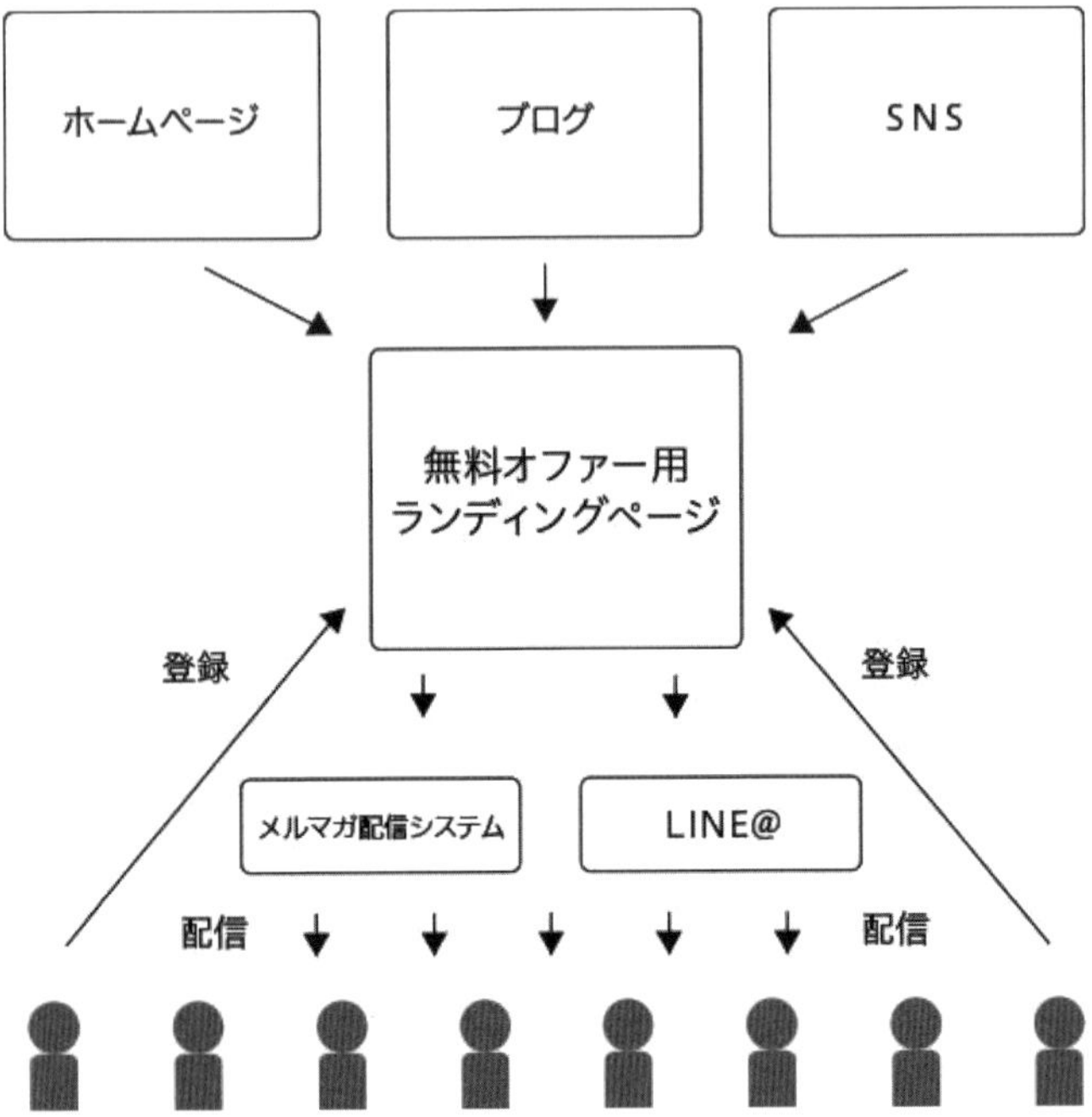
ホームページ
ブログ
SNS
無料オファー用
ランディングページ
登録
登録
メルマガ配信システム
LINE@
配信
配信

〈コラム〉

受講生から「橋本さんだから出来たんですよね？」と、言われることがよくあります。私は自分のことを頭が良い方だとは思っていません。高校や大学にきちんと通っていないこともあり、私は人よりも学力や賢さ、要領の良さでは劣っていると思っています。

そんな私が唯一発揮できたのが、「クソ真面目力」です。

求人広告の会社に新入社員のライターとして入社した頃、周りの先輩達は皆、終電まで原稿を書いていました。私はまだ見習いで仕事はありませんでしたが、終電の時間まで社内に残り、評価の良い原稿を写本（書き写し）していました。

見習いの時期を過ぎた後も、言われたことを言われた通りに全部やる。誰にでもできることを人一倍、数をこなしてやる。新しいことを始めるときにはずっとそうしてきました。

経営塾に入ったときも、師匠から教わったことはすべて忠実に取り組んで行動しました。言われたことを言われた通りにやるだけで、十分結果を出せることが多かったです。

そして今、受講生さんたちを見ていると、「ちょっとやりすぎ」なぐらい行動している人の方が成長は速いと感じます。起業初期の頃はビジョンさえ明確であれば、経験値の少ない頭で考えるよりも、先に行動するぐらいがちょうど良いのです。

エネルギーが溢れていてたくさん行動したくなる人、言われたことを言われた通りに真面目に人一倍の数をこなす人は、短期間で望む結果を手にしています。

4

売上を安定させる仕組み

ビジネスパートナーとの関係を築く

第2章でも書きましたが、ビジネスは「誰と出会うか」が大事です。特に誰かとコラボをするときには、パートナー選びで結果が決まるといっても過言ではありません。では、どんな相手をビジネスパートナーに選ぶと良いのでしょうか。

私の考えとしては、ビジネスパートナーは「探すもの」ではなく「出会うもの」だと思います。

恋愛や婚活と似ているかもしれません。結婚相手を探して婚活パーティーに参加してみたけれど、なかなか思い通りの相手に出会えなかった。疲れたので一人旅に出たら、旅先で出会った相手と意気投合し、お付き合いをするようになった。よくある話かもしれませんが、これはビジネスの場でも同じことが言えます。

好奇心の赴くままにたくさんの人と出会い、かかわっていく中で、気がつくと意気投合した人とは一緒に仕事もするようになっていた。私はそのような自然な流れで上手くいくケースが多かったです。一方、必死にビジネスパートナーを探していた時期は、私自身に依存心があったこともあって何かとトラブルになりがちでした。

かかわる相手は自分を映し出す鏡と言われます。今の自分にふさわしい相手が、今の自分の身近にいるということでしょう。


ビジネスパートナーシップを組むうえでのポイントは、相手に期待しすぎないことです。相手に期待することで、理想と現実とのギャップに悩んだり揉めたりします。「この人が突然いなくなっても自分でなんとかする」と考え、最悪の事態も想定して準備をしておけば、相手に対していつも感謝できるようになります。

そして、自分で自分を信頼できていなければ、相手を信頼することもできません。相手に対して不信感を持って接すれば、相手もそれを感じ取るのでお互いにギクシャクしてしまいます。自分を信頼し、相手を信頼し、最悪一人でも何とかできるように心の準備を整えておくこと。それが、ビジネスにおけるパートナーシップが上手くいくための最も大きなコツです。

それから、誰かとコラボで仕事をするときには、あらかじめ揉めないための仕組みを作っておくことが大切です。

特に注意したいのは、友人とビジネスをするとき。「親しき仲にも礼儀あり」という言葉がありますが、仲が良いとつい相手に甘えてしまい、それがトラブルの原因になってしまうのです。

一緒にビジネスをする相手が友人の場合でも、相手を仕事のパートナーとして尊重するようにしましょう。

揉めないための仕組みについて、ポイントをまとめてみました。

役割分担をしておく

例えば、誰かと共同でイベントやセミナーを開催するときは、中身のコンテンツを作る人と、集客をする人で役割を分けておく方が良いでしょう。

集客に関してお互いが相手に「やってくれるだろう」と期待してしまうと、お互いになあなあになってしまい、結果「人が集まらなかった」という事態になります。一人が一つの役割を担当することで、自分の役割に責任感を持って取り組めるようになり、良い結果につながります。

なお、コンテンツを作る人は「コンテンツホルダー」、集客をする人は「プロモーター」と呼ばれます。

料金形態を明確に決めておく

共同事業を行う際の料金形態は、メールや書面で残る形に決め、必要に応じて契約書を取り交わしておきましょう。

一緒に仕事をする相手のメリットを考え、お互いが納得する条件に見合った形で金額や報酬率を設定すれば、後から揉めることはありません。

相手を信用し、相手を自分の事のように考える

一緒にビジネスをする相手は、お互いに利益を生み出すパートナーです。しかし、どちらか一方が「相手を利用してやろう」とか、「自分だけがいい思いをしたい」という気持ちを持っていた場合や、実際にはそうでなくとも打算的に受け取られてしまうと、たちまち不信感を抱く原因になってしまいます。

例えば、ライターの仕事において、発注元の企業さんに「本当にお金を払ってもらえますか?」と言ってしまうような人は、企業さんから「ちょっと面倒な人だな」と疎まれてしまいます。ちゃんとお金を払ってもらったとしても、次の発注にはつながりにくいでしょう。

相手に「この人、面倒だな」と思わせてしまうような人は、あらゆることが上手くい

きません。仕事でかかわる相手には極力ストレスを感じさせないこと。相手を信用している前提でコミュニケーションを取ること。少しでも疑問に感じたことは溜めずに相手に質問すること。はっきりと意思表示すること。相手のことを自分のことのように大切に考えること。これらを心がけることで、仕事相手とより深いパートナーシップを築いていくことができます。

効率的に利益を最大化するための思考法

起業後にいち早く売上をアップさせて利益を出すために大切なこと、それは「時給を意識して行動する」ということです。

歩合給でない限り、会社員の方には毎月一定のお給料が支払われます。そのため、自分の時間にどのぐらいの価値があるのかを意識する機会は少ないかもしれません。しかし、自営業の人が何もせずにボーッとしていたらお金は減っていくばかりです。

一人暮らしの人や、大黒柱として家族を養っている人にとって、毎月の家賃や光熱費、通信費の支払い日は待ったなしにやってきます。支払日になっても慌てないようにするには、毎月どのタイミングでいくらのお金が入ってきて、いくら出ていくのかを把握しておかなければなりません。

そして「今、自分が過ごしているこの時間は、お金に換算するとどのぐらいの価値があるのか」を、つねに強く意識しておきましょう。お金はなくなってもまた生み出せますが、時間は有限です。そして、誰にとっても平等に1日24時間が与えられています。

1日24時間。1年は8760時間。あなたの人生があと50年だとしたら、残りは43万8000時間です。残された人生の時間は、こうしている間にも刻一刻と減っていきます。限られた時間をいかに有意義に過ごすかを考えて、人生の目標を立てましょう。

未来の目標から逆算して考えて、ムダな時間や必要でない時間は極力減らすことです。自分ではなくてもできる仕事、合わない上司や同僚への気遣い、心から楽しいと思えないことは、限られたあなたの人生にとって必要な時間でしょうか？「必要でない」と思う時間は、可能な限りカットすることをおすすめします。

そして、起業して人生の目標を実現させるために、ぜひ自分の時給を設定してみてください。自分の時給は、一ヶ月に欲しい金額から逆算して算出します。

例えば、あなたが月収20万円を希望するとして、1日8時間×20日間働くとした場合の時給は、月収20万円÷（8時間×20日）＝1250円。日給は1万円です。時給1250円で丸2日かかる仕事の場合、時給1250円×8時間×2日＝2万円なので、最低2万円の報酬になるようにしましょう。

月収100万円で1日4時間、月に15日間働くとした場合の時給は、月収100万円÷（4時間×15日）＝1万6666円。日給は6万6666円です。「1日最低6万6666円の売り上げにする」と決めて料金を設定すれば、実際に日給6万円以上になっていきます。

「実績もないのに勝手に月収や時給を決めてもいいのですか？」

このような疑問を感じる方もいらっしゃるかもしれませんが、このことに対してダメだというルールはありません。

ただし、決めたからには「どうすれば目標とする結果に近づくか」をつねに考えるようにしましょう。目標を高く設定することで「現状から目標に到達するためにはどうすれば良いだろうか」と、真剣に考えるようになると思います。真剣に考えることでリサーチも増え、ノウハウも増えるでしょう。ノウハウが増えた分だけ、点と点がつながって線になり、ビジネスチャンスも増えていきます。

目標を設定し、目標に到達するためのリサーチをしたり思考をくり返して行動する。これらが何も迷いもなくできていれば目標が実現するのは速いです。しかし、多くの人は初めてのことに対して勇気が持てなかったり、迷いがあったり、「自分なんかにできるのだろうか」と自信がなかったり、他人の目を気にしたりして行動にブレーキをかけてしまいます。これが、なかなか結果を出せない原因になります。

理想の状態と現在にギャップがあるのに、ギャップを埋めるための行動ができていない場合は、原因を一つ一つクリアにしていった方が良いでしょう。

◆ワーク　次の項目をノートに書き出してみましょう。

①目標設定 どんな気持ちで人生の時間を最も多く過ごしたいか。どんな生活を送りたいか。行きたい場所、やりたいことなど、自分の理想をなるべく具体的に書き出してみてください。
②理想と現実のギャップを把握 目標を実現するためにやめたいこと、かかわりたくない人など、「理想と現実のギャップを作っている原因」を箇条書きしてみてください。
③ 理想の収入を把握 ①の目標を実現させるために必要な月収を書き出してみてください。

④ 時給を把握

理想の月収を月の労働時間で割ります。たとえば1日8時間、1ヶ月に20日間働くとしたら、月の労働時間は160時間。理想月収が100万円だとしたら、100万円÷160時間＝6250円です。

算出された時給はあなたの1時間あたりの価値です。その価値にふさわしい仕事をするために、自覚を持った行動を心がけましょう。

⑤ 目標達成に必要な行動を把握

①で決めた目標と③④で決めた収入（時給）を実現させるために必要な行動を箇条書きで書き出してみましょう。

クチコミ・紹介でお客様を増やそう

ビジネスを軌道に乗せることに成功したら、リピーターや紹介でお客様を増やす方法を考えましょう。

「商品やサービスさえ良ければ、きっと自然に紹介してくれるはず」と思われるかもしれませんが、現実はそんなに甘くはありません。人間の心理として、「自分が良いと思ったものはあまり人に知られたくない」と思っている人が多いからです。残念ながら、良い評判よりも悪い評判の方が広まりやすいのが現実です。

では、どうすれば良い評判が広まりやすくなるのでしょうか。

クチコミや紹介でお客様を増やしたいのであれば、**すでに信頼関係を築いたお客様**

にお願いをすることをおすすめします。「よろしければお友達を紹介してくださいね」と、この一言を伝えるだけで紹介をしてもらえる確率はグンと上がります。お客様を紹介していただいた方には、対価として報酬の何割かをお渡しするのもひとつの方法です。

商品やサービスのお申し込みフォームに「紹介者」の名前を書き込んでいただいても良いですし、アフィリエイトのシステムを使うのも良いでしょう。弊社では、受講生さんに講座やサービスをご紹介していただく際、独自のアフィリエイトセンターを利用していただいています。アフィリエイトセンターを利用していただくことによって、紹介用リンクを個別に発行することができます。個別に発行されたリンクから講座やサービスへのお申し込みがあると、どの紹介者の経由でのお申し込みなのかをこちらで把握できるのです。

アフィリエイトセンターはいろいろな会社がシステムを提供していますので、紹介による新規集客を増やしたい方は、ぜひ調べてみてください。

ストック型ビジネスモデル構築方法

ストック型ビジネスモデルとは？

長期的に安定して売上を増やし続ける仕組みを作るために、「ストック型ビジネスモデル」の構築をおすすめしています。

ストック型ビジネスモデルとは、毎月安定した収益の入ってくるビジネスモデルを意味します。保険ビジネスやファンクラブ、会員制オンラインサロン、化粧品やサプリの定期購入、不動産賃貸、雑誌や新聞の定期購読等が挙げられます。安定経営を長く続けている企業の共通点は、インフラや消耗品、特定の人にとっての必需品を継続的に供給して売上が安定していることです。

ストック型ビジネスモデルに対し、売り切り型のビジネスは「フロー型ビジネスモデル」と呼ばれます。フロー型ビジネスモデルだけでは自転車操業になってしまいがち。どれだけ頑張ってもなかなか楽にはならないだけでなく、景気の変動に左右されるリスクもあります。

将来的にストック型ビジネスモデルを目指すとしたら、あなたはどんな商品・サービスを供給できますか？　ぜひ考えてみましょう。

コンテンツは資産になる

有料動画やオンラインサロン、有料メルマガなどの情報配信型のストック型ビジネスを構築するにあたり、おすすめしたいのがコンテンツを作り溜めておくことです。

アフィリエイトで収益を生み出すブログ記事や、メルマガ、電子書籍の記事は、すべて資産になります。メルマガ用に作った記事から動画コンテンツを作成したり、一度書いた記事をリライトして数年後に再び配信することもできます。

私が事業を続けられているのは、日々コンテンツを書いて配信していたおかげといっても過言ではありません。「毎日メルマガやブログを書いていたらネタ切れになりませんか?」とご質問いただくこともありますが、ネタは出せば出すほど、無限に出てきます。「情報は発信するところに集まる」と言われ、情報を出せば出すほど付随する情報や質問、相談や賛成・否定の意見が集まり、それによって新たな思考やアイデアが湧いて出てきます。ですから、批判を恐れて情報を発信しないのは機会損失だと思っています。

コンテンツ記事を書く際のポイントは、「数年経っても古くならないノウハウを書く」ことです。時流に沿った発信も大事ですが、時間が経っても古くならないノウハウであれば、後からリライトをかけて再利用することができます。また、ネットに残る記事としても、長く存在価値のあるものになるでしょう。3年後、5年後も使える不変のノウハウをぜひ発信してみてください。

早い物と長い物を組み合わせよう

以前、日本を代表するカリスマ経営者の右腕だった方とお話させていただく機会があり、そのときに教えていただいた言葉が今でも印象に残っています。

「経営を安定させて長続きさせる秘訣は、早い物と長い物を組み合わせること」

早い物とは、資金の回収が早いものです。時流に乗っているものや、多くの人が関心を持っているもの、人々が気軽にお金を払いたくなる物です。長い物とは、ロングセラーで売れていく物です。すぐには売れなくても長い目で見れば必ず求められる物。目立たないけれど、一定のコアなファンがいて需要がなくなることがない商品やサービス。

この早い物と長い物を同時に扱うことで、ビジネスは安定しやすいというわけです。

普段はロングセラー商品に力を入れつつも、すぐに売れて早くに資金の回収ができる商品があれば、それが保険になり安心材料にもなります。

資金に余裕のない起業初期は、資金回収の早い物や売り切り型のフロー型ビジネスモデルに力を入れる必要がありますが、資金や時間に余裕のある時期には、ストック型ビジネスやロングセラー商品を売るための仕組みづくりに力を入れることをおすすめします。

〈コラム〉

起業を成功させて長続きさせるために最も大切なことは、「起業家として生きる」ことにコミットすることではないかと思います。

多くの人は「どうすれば上手くいきますか?」「これをやったら本当に上手くいきますか?」といったHOWの部分を重視しがちです。上手くいっているときはそれで良いのかもしれませんが、試練に直面したときに問われるのは、WHYの部分、「なぜ起業したのか」です。

WHYがブレていると、思い通りにならないときに壁を乗り越えられないのではないかと思います。事業を継続していく中で、良いときもあれば悪いときもあるからです。絶対的な安定は存在しません。資金繰りが思い通りにならなかったり、売上が安定しなかったり自身の体調不良に見舞われたりと、ときには理不尽な思いをすることもあるでしょう。

「起業することに迷いはなかったのですか?」「会社員に戻りたいと思ったことはあ

りませんか？」と、ご質問いただくこともあります。

私にとって起業家になり経営者になることは、幼い頃から当たり前のように描いていた道でした。女の子ならウェディングドレスを着てお嫁さんになることを夢見ることが多いのかもしれませんが、私にはそういった願望がまったくなく、「将来は必ず社長になる！」と物心ついた頃から決めていました。

魂が決めた生き方なので、迷いがなかったのだと思います。とはいえ、多くの方はそこまでの強いコミットができていないのかもしれません。「今よりも少し生活に余裕を持たせたい」「時間とお金の自由を手に入れたい」というような動機で本書を手に取ってくださった方が多いと思います。

であれば、今よりも余裕のある生活、時間や経済の自由を手に入れた生活を保つために、「なぜ起業したいと思うのか」、「誰に、どんな価値を提供したいのか」、「そのために自分はどう生きていきたいのか」を、ぜひじっくり考えてみてください。自分で決めた生き方を貫くことができていれば、どんな困難なことがあってもその信念があなたの支えになり、前に進むための勇気になるはずです。

おわりに

本書を書き終える少し前に、南フランスのプロヴァンス地方とパリに2週間ほど滞在しました。

緑と花に溢れる歴史的な街並み、ヨーロッパの肥沃な土壌で太陽の光を浴びながら育ったみずみずしい野菜と果物、アンティークの食器や家具など古いものを大切にする生活、平日の昼間からレストランのテラス席で、ワインやシャンパンと共に友人や家族と語らう人々。

そんなフランスの風景や人々の暮らしを見ていて感じました。「皆、自分の時間と人生を大切にしている」と。

日本での喧騒を離れ、美しい景色を眺めながら、私自身も他人の目を気にせずにのびのびと過ごすことができました。その中で考えたのは、「私たち日本人は単一民族であることで他人の目を気にしすぎていないだろうか」ということです。

日本人は全世界的に見てもよく働きます。戦後の教育制度がそうさせているのかもしれませんし、「たくさん働いて経済を回して税金を納めよう」というプロパガンダの結果なのかもしれません。世界の中でも男尊女卑社会でもある日本。特に子どもを育てることに関しては、女性が多くの責任を背負うことになりがちです。

他人の目を気にして、他人のために我慢をすることが、人間として幸せな生き方なのでしょうか。男性も女性も、企業や人に依存せず、もっと経済的自由を手に入れてのびのびと生きられるはず。時間的・経済的なゆとりや心の自由は、誰かに用意してもらうものではなく、自分の力で創り出せるもの。そのことをより多くの日本人にも気づいてもらいたい。そんなことを考えました。

なぜ、日本人は我慢をして働く人が多いのだろうかと考えたとき、ヨーロッパやアメリカと比べて「権利を主張する」習慣が少ないからなのではないかと思います。出る杭は打たれる島国社会だからなのか、諸外国に比べてストライキも発生しません。日本の企業や組織では、しばしば空気を読むことが求められます。「あなたも私と同じように苦労すべきだ」といった同調圧力をかけられることもあるでしょう。実際に私も何度か経験したことがあります。しかし、今いる環境だけが世界ではありません。

会社組織での評価、家庭内の評価だけが、あなたの人間的価値ではありません。環境を変えて、かかわる人が変われば、あなた自身がまだ気づいていない新しい自分に出会えるかもしれないのです。

自分がこれからどうしたいかはまだ分からなくても、現状を少しでも変えたいのなら、半歩ずつでも良いので、とりあえず行動してみることをおすすめします。自分の力で行動した分だけ、人生はあなたの描いた理想に向かって動き始めるはずです。

最後に、書籍の制作にかかわってくださった皆様、受講生の皆様、お客様、オンラインサロンメンバーの皆様、いつもお世話になっている方々に感謝いたします。

【参考文献】
・ビジョナリー・カンパニー2 - 飛躍の法則（ジム・コリンズ著・日経BP社）
・ロジカルシンキング（照屋華子、岡田恵子著・東洋経済新報社）
・ロジカルライティング（照屋華子著・東洋経済新報社）
・考える技術・書く技術（バーバラミント著・ダイヤモンド社）
・ストックビジネスの教科書（大竹 啓裕著・ポプラ社）
・Web Copy That Sells: The Revolutionary Formula for Creating Killer Copy That Grabs Their Attention and Compels Them to Buy（Maria Veloso著・Amacom Books）

橋本絢子（はしもと・あやこ）

愛媛県松山市出身。武蔵野美術大学映像学科に在学中、フリーのグラフィックデザイナーとして起業後、Webデザイナー、Webディレクター、コピーライターを経験。

大手求人広告会社へ入社し、約1000社分の取材インタビューを行った求人広告の原稿を作成。

2009年4月に株式会社ジュビリーを設立。企業のメディア構築、プロモーション、セールスレター、コンテンツ記事制作などの仕事に携わる。国内外を旅しながら、場所や時間にとらわれないワークスタイルを確立。講座やセッションの受講者数は500名以上。「女性の経済的自立」をミッションに、自由な働き方を啓蒙している。

起業《きぎょう》するなら
スーツの男《おとこ》に声《こえ》をかけろ！
〜まずは月《つき》5万円《まんえん》から〜

2018年8月31日　初版第1刷

著者　橋本絢子《はしもとあやこ》

発行人　松﨑義行
発行　みらいパブリッシング
東京都杉並区高円寺南4-26-5
YSビル3F 〒166-0003
TEL03-5913-8611　FAX03-5913-8011
http://miraipub.jp　E-mail : info@miraipub.jp
発売　星雲社
東京都文京区水道 1-3-30 〒112-0005
TEL03-3868-3275　FAX03-3868-6588
印刷・製本　株式会社上野印刷所
企画協力　岩谷洋昌
編集　川口光代
装幀　堀川さゆり

ISBN978-4-434-24961-7 C0034